結果もスピードも手に入る

神速スマホ仕事術

岡田充弘

すばる舎

※Appleの名称、ロゴ、Mac、OS、iOSは、米国および他の国におけるApple Inc.の商標または登録商標です。煩雑さを避けるため、本文中には、®は表記していません。
※その他、本書に掲載した製品名、サービス名、会社名は、各社の登録商標、または商標です。なお、繁雑さを避けるため、本文中に®、TMは明記していません。

はじめに

皆さんは、日々の仕事をうまく回せていますか。

ほとんどの方が、「次から次へとメールが来てさばききれない」「会議ばかりでデスク作業がはかどらない」……と頭を悩ませているのではないでしょうか。

でも、大丈夫です。

あなたの仕事は、スマホ1つで、一気に速くなります。

「スマホで本当に仕事ができるの?」と疑問の声も聞こえてきそうですが、本当です。

実際、私は、謎解きイベントの企画会社を含めた複数の会社を経営するかたわら、執筆や講演活動、クライアント企業へのコンサルティング活動など、膨大な量の仕事を同時並行で進めています。

それと合わせ、プライベートでは趣味のトライアスロンやホッケーを思う存分楽しんでいます。これもスマホを使った身軽で迅速な仕事術のおかげです。

なぜこれほどまでの仕事量を、"神速"とも言える速さでこなしていけるのか。それはスマホの最大の利点である、**圧倒的な起動の速さ**にあります。スマホ1台あれば、場所を選ばず、いつでもどこでも、スグに仕事に取りかかることができます。

私自身、移動中や待ち時間などのスキマ時間に、フ

ルにスマホを活用して仕事をサクサク片づけています。今の時代、「メールの返信」や「スケジュール調整」「資料のチェック」など、スマホのブラウザとコミュニケーションツールだけで完結できてしまう仕事も多いのです。

　本書では、**徹底的に速さにこだわった私が実践して効果があったワザだけに絞って紹介**していきます。速さを追求した結果、私は現在 [iPhone SE] を使っています（その理由は50ページに）。本書の内容もiPhoneの操作画面やアプリが中心ですが、紹介するワザは、たいていのスマホにはついている機能や無料アプリがほとんど。普段何気なく使っている機能も使い方次第で、スピードアップできるうえ、誰でもスグに実践できます。しかも、スマホは、高価なソフトを買わなくても、複雑な技術を習得しなくても、標準機能や無料アプリで十分に効率化できます。

　今、「働き方改革」と称して、短時間労働でこれまで以上の成果を出すことが、求められています。仕事の効率化は時代の流れとも言えるのです。本書でお伝えするスマホを使った時短テクを駆使すれば、新しい働き方を身につけられます。
　ぜひとも「仕事中心のワーク&ライフ」から、「人生中心のライフ&ワーク」を実現してみませんか。
　あなたが毎日笑顔で過ごせることを願って。

2019年7月　岡田 充弘

結果もスピードも手に入る
神速スマホ仕事術　目次

はじめに ……………………………………………………………………… 3

0章　スマホ1つで、結果もスピードも手に入る！

01 スマホで神速仕事ができる3つの理由
……………………………………………………………………… 16

02 ほとんどの仕事がスマホ1つで終わる！
……………………………………………………………………… 18

03 圧倒的な「起動スピード」で思考のロスを回避
……………………………………………………………………… 20

04 スキマ時間で仕事が一気に加速する
……………………………………………………………………… 22

05 残業ゼロで1日が「30時間」に
……………………………………………………………………… 24

Column 01 カメラの「ズーム機能」で
素早く状況確認 ……………………………… 26

1章 神速仕事に直結する！「スマホの処理速度」をアップ

06 不要なアプリを消して、スマホもスピードアップ … 28

07 忙しいからこそやっておきたい　アプリ整理のルール … 30

08 必要最小限のアプリだけで、数多くの仕事をこなす … 32

09 スピードダウンの原因、アプリ「通知」はオフに！ … 34

10 たった10秒の設定で、スマホがサクサク動く … 36

11 定期的にやっておきたい！　「重い」「遅い」を解消 … 38

12 「怪しいメールは開かない！」が一番安全＆速い！ … 42

13 スピード仕事術に直結！　セキュリティ対策のキホン … 44

14 スピードを追求するなら、iPhoneとAndroid、どっち？ … 46

Column 02 大事な予定の前に。「3秒」で身だしなみチェック！ … 48

2章 いつでもどこでも仕事が可能に! 最強の時短テク

15 スピーディーに操作するための「持ち方」と「大きさ」 50

16 どんな体勢でもOK! スキマ時間でグングン進む 52

17 サクッと「音量調節」して、結果を出す環境へ 54

18 「電池切れ」に時間を奪われない! 3つの機能をオフに 56

Column 03 音楽サービスで、いつでも"超集中状態"に 58

3章 秒単位で仕事を片づける! 入力のワザ

19 神速仕事のためにまずは押さえておきたい! キホンの入力ワザ 60

20 最速で文を作るための「キーボード」設定 62

21 高速文字入力が可能になる! 4つのコツ 64

22 作業効率がさらにアップ！「箇条書き」と「戻す」の早ワザ ……… 66

23 アルファベット文字入力と再変換で、仕事が加速する ……… 68

24 文章の質がグンと上がる！　賢いカンタン文字変換 ……… 70

25 辞書登録でスピーディーに入力する ……… 72

26 音声入力で文章を作れば、超高速化 ……… 74

27 「全角スペース」でFacebookを見やすくする裏ワザ ……… 76

28 文字サイズと太さを調整して、速さと正確さを手に入れる ……… 78

29 誤変換はスマホ任せ。ミスなく素早く進める！ ……… 80

30 電卓がなくても、スマホなら複雑な計算も一瞬！ ……… 82

31 知っているだけで仕事が速くなる！「累乗」と「関数電卓」 ……… 84

32 書き出しをひと工夫＆Gmailと連携で、さらに高速化 ……… 86

33 手が離せなくても、ソッコーでメモを取れる ……… 88

Column 04　どんなに急いでいても、タッチミスしない ……… 90

4章 仕事が一気に動き出す！ タスク&スケジュール管理

34 最強最速のスケジュールアプリはコレだ！
92

35 スケジュール共有で、アポ調整のムダなやりとりを一掃！
94

36 アラーム機能なら、サクサク予定をこなせる
96

37 日常生活でも効率的に使える！　Siriで時間管理
98

38 タスクをモレなく管理できる「GoTasks」
100

5章 一瞬の「情報整理」で、大量の仕事をサクサクさばく

39 超効率的！　スマホでもパソコンでもファイル管理
104

40 マメな「写真整理」が仕事のスピードにも好影響！
106

41 GoogleドライブとiTunesなら素早くデータを移動
110

42 ネットの書類テンプレートを使って10倍速に！
112

43 時間ロスをなくす！　ファイル整理のテクニック「MECE」
ミーシー
.... 114

44 本はスマホで読めば、驚くほど時短に！
.... 116

45 神速スピードのキモ。紙の名刺は保管しない！
.... 118

46 生産性を上げるなら、紙資料はその場で写メって共有！
.... 120

6章 一番の高速化ポイント！
「メール」で
脱ムダ・コミュニケーション

47 メールは「Gmail」に絞って、超高速化
.... 124

48 ムダなく意思疎通するための「To・Cc・Bcc」の使い分け
.... 126

49 ダンドリ速度が格段にアップ！「作成」「返信」「転送」のコツ
.... 128

50 スマホでも添付ファイルを送って仕事をスピーディーに！
.... 130

51 一気に仕事が終わる！　その場で「イメージ共有」
.... 132

52 複雑なコトほど、「動画」で素早く正確に！
.... 134

53 あっという間に見たいメールが見つかる！ キーワード検索のコツ
.... 136

54 みんな時短に！　身近な人とは、メールより「SMS」で
.... 138

55 電話以上に速くて役立つ「メッセージ」アプリ
.... 140

56 「電話のほうが10倍速い！」シーンの見極め
.... 142

57 神速で仕事をするなら、連絡先は10件以内
.... 144

7章 欲しい情報を素早く適切に得る技術

58 上質な情報を神速で探し出す「キーワード検索」のコツ
.... 148

59 情報収集の要。Webページを一気に移動するワザ
.... 150

60 タブをいっぺんに閉じて、常に頭をクリアに
.... 152

61 パソコンの調べものも、スキマ時間にスマホでチェック
.... 154

62 ときに「信頼」にも関わる！　「履歴」の取り扱い
.... 156

63 真実に近い情報ほど、スマホでリアルタイムに得る
.... 158

64 「Spotlight」で、為替も単位も一発変換
.... 160

65 あなたの仕事を加速する「Siri」の事前準備＆使い方
162

66 コンマ1秒でも早く知りたいコトもSiriで！
164

67 集中力が格段にアップする「広告ブロック」
166

68 成果につながる、ブラウザ「ブックマーク」の使い方
168

69 成果に直結！「健康管理」はスマホにお任せ
170

8章 100のプロジェクトを同時に回し、結果を出す「神速行動」

70 スケジュールアプリで「アポ5分前」に顧客メモをチェック
174

71 最速「経路検索」で"今から行きます"と即行動！
176

72 焦っているときほどスマートに！超速でタクシーを呼ぶ方法
178

73 誰とでもカンタンに「現在地」を送り合って、即ミーティング
.... 180

74 メモアプリの議事録作り＆共有で、一気に効率アップ！
.... 182

75 会議の質を格段にアップする4つのテクニック
.... 186

76 神速で移動するためにはスマートな「手配」も欠かせない
.... 188

77 情報発信の場は1つに絞って、人生も豊かに
.... 190

78 スマホ1つで快適＆快速なネット環境に
.... 192

79 通信量をコントロールして、速度制限を回避する
.... 194

80 スマホを紛失しても慌てない！　安心安全の対処法
.... 196

81 後回しにしない！「ポチ系」仕事をソッコー片づけるコツ
.... 200

82 "神速スマホ仕事術"最大の武器は、「クイックフォロー」
.... 202

おわりに 204

本書をお読みになる前に ——————————

※本書は、2019年7月現在の情報をもとにしています。本書の発行
後に、アプリケーション（以下、アプリ）がアップデートされ、機能や
画面が変更されることが考えられます。あらかじめご了承ください

※本書で解説しているアプリは、バージョンの違いなどにより、お伝
えしたとおりの結果が得られない場合があります

※本書に掲載した画面のサンプル画像は、著者独自の設定に依存す
るものです（スマートフォンはiPhone SEを使用）。お使いのスマートフォ
ンやパソコンの設定と異なる場合があります

※本書に掲載されている操作によって生じた損害や損失については、
著者及び株式会社すばる舎は一切の責任を負いません。個人の責任
の範囲内でご利用ください

謝辞 ——————————

スマホでどうすれば仕事のスピードを上げるか、さまざまな検証を行
い研究した結果、多くのWebサイトを参照しました。感謝致します。

ブックデザイン：三森健太（JUNGLE）

図版制作：有限会社クリィーク

スマホ1つで、結果もスピードも手に入る!

パソコン仕事では速さに限界があります。ショートカットキーを駆使しても、専門ソフトを使いこなしても、メールの機能を網羅しても、スマホのほうが仕事が速く片づきます。なぜなら、圧倒的に起動スピードが速いからです。初動が速いほど仕事もスムーズに進み、スキマ時間を使うことで、時間が新たに生まれます。完全にスマホで仕事を行うことは難しいですが、少しずつシフトしていきたいところです。本章では、具体的なスマホ仕事のメリットと、取りかかり方を見ていきます。

0章

01 スマホで神速仕事ができる3つの理由

　かつて会議中にスマホを触っていると上司から怒られるのが当たり前の時代がありました。それが今ではスマホで議事録をとってすみやかに共有すると、怒られるどころか逆に尊敬されるくらいです。

　それは**世の中が本格的にスマホ仕事へシフトする予兆**なのかもしれません。実際私もスマホを仕事で使うようになってから、パソコン中心だった頃には気づかなかったさまざまなメリットを発見しました。そんなメリット（＝スマホで神速仕事ができる理由）を、ご紹介したいと思います。

理由①場所を選ばない

　ノートパソコンより軽量・小型なので気軽に持ち運ぶことができます。また、ノートパソコンが開けない電車の中や立ち姿勢のちょっとした待ち時間にでも、仕事を進めることができます。さらにオフィスから解放されることでオフィスコストの削減にもつながります。

理由②操作性がバツグン

　スマホアプリの多くは直感的に操作ができるため、パソコンと違って分厚いマニュアルは不要です。習熟のた

> # スマホの三大メリット

スマホ
①いつでも！　どこでも！
②片手でカンタンに！
③コスパ抜群！

ビジネスシーンでもスマホは大活躍！

めの時間も少なくて済むことが大きなメリットです。

　一方でパソコンは、高性能化にともなって操作性も複雑になりつつあり、そういったところがムダな作業を増やしている側面もあります。

理由③コスパが良い

　性能比で見るとスマホはパソコンよりも基本的に安価です。またアプリも無料で高機能なものが増えてきているので、ビジネスシーンで困ることが少なくなってきています。そういう意味では、パソコン本体やソフトに大きな投資をする前に、まずはスマホで実現できないかを考えてからのほうが、コスパは良くなるはずです。

　現在スマホは、人間にとって最も身近なコンピューターデバイスと言えるでしょう。まだしばらくスマホが主役の時代が続くはずなので、仕事のスキルをスマホへシフトしていくことは、自然な流れのように思います。

02 ほとんどの仕事が スマホ1つで終わる!

　スマホの高性能・高機能化にともない、その使い方もずいぶんと変わりました。かつては携帯電話プラスαくらいだったのが、近年では携帯電話というよりも、コンピューター端末としての使い方に変わってきています。

　近い将来、今の仕事の大半がスマホでできるようになるとも言われています。

　かつてデスクトップパソコンがノートパソコンへとシフトしてきたのと同じく、ノートパソコンがスマホへシフトしていくのも、もはや時間の問題かもしれません。

　そんな未来を予想しつつ、私が実践中の仕事を例に**「スマホで行う仕事」「パソコンで行う仕事」「今後スマホへの移行が進むもの」**の3つに分けて、右ページに紹介したいと思います。

　これらは一例ですが、パソコンとスマホの同期機能の進展、スマホ画面のサイズアップ、アプリの高機能化で、スマホシフトの流れは今後ますます加速していくことでしょう。

　それにともない、スキル習得の意識もスマホに切り替えていく必要があります。

「いつでもどこでも」スマホなら超時短！

神速仕事を実現するための仕事の仕分け例が下の表。参考にして自分の仕事を見直してみよう。

		仕事内容	使うアプリ機能
スマホ	情報系タスク全般	情報収集	Chrome・Safari
		記録撮影	静止画・動画機能
		議事録作成	メモ帳機能
		指示・確認・共有、報告・連絡・相談、アポ取り・スケジューリング・タスク化	Google カレンダー・GoTasks
		原稿作成・執筆	カウントメモ
		SNS 発信	Facebook など
パソコンで行う仕事	作る仕事が中心	描画・設計作業・静止画・動画編集	パワポ・AutoCAD・Photoshop など
		エクセル・ワードなど画面を広く俯瞰したい作業	エクセル・ワードなど
		Web 制作・プログラミング	Dreamweaver など
今後スマホへの移行が進むもの	作る仕事のうち簡易なもの	エクセル・ワード資料の更新作業	Google ドライブ
		Web 修正作業	Jimdo・BASE など
		静止画・動画の編集作業	スマホ純正機能や各種アプリ

0章 スマホ一つで、結果もスピードも手に入る！

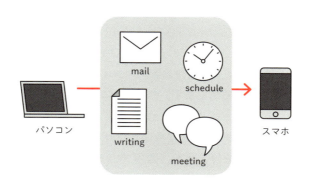

パソコン仕事を、スマホ仕事に変えてスピードアップ

03 圧倒的な「起動スピード」で思考のロスを回避

スマホ最大のメリットは、**圧倒的な起動の速さです。**スマホはパソコンと違ってほぼ瞬間的に起動するので、紙のように何かを思いついたら即メモをとったり、リモコンのようにすみやかに次のアクションに移すことが可能です。

どんな仕事も初動がその後のスピードを左右します。スマホを使うことで初動が速くなると、仕事全体のテンポも速めることができます。スマホで仕事をするテンポに慣れてくると、パソコンで仕事をするのが遅く感じるくらいです。

私の場合は、かつてのスーパーファミコンなどロムカセット時代のゲーム機や電源のオンオフのような即時応答が基準になっています。今のパソコンやインターネットの応答速度は遅すぎるように感じます。

それら**外部機器の処理時間を待っている間は、思考を停止せざるを得ません。**医学的な根拠はないのですが、人は外部からの情報伝達速度が、脳内の情報伝達速度よりも遅いと、思考がいったんインターラプト（遮断）されてしまうのが、私の実感としてあります。頭に文

> 圧倒的な「起動スピード」で思考のロスを回避

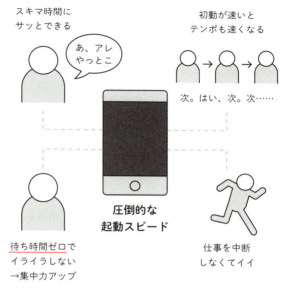

初動の速さは、ビジネスのキモとなる

字が入ってきづらかったり、イライラする原因になっているのかもしれません。逆に**情報伝達速度や反応速度が速ければ速いほど、自分の頭や身体の一部に近い道具になりえる**と言えるでしょう。

そういう意味でも、現時点で最速のポータブルコンピューターであるスマホをうまく活用する働き方に変えていくことは思考のロスを防ぐことにもつながるのです。

04 スキマ時間で仕事が一気に加速する

　あなたは、ちょっとした余裕時間ができたときに何をしていますか？

　ぼーっとしたり、本を読むなど、人それぞれの時間の使い方があると思います。そんなとき、細切れの時間でさまざまな仕事ができれば、**1日の時間密度をかなり濃くすることができます。**

　細切れの時間は日常生活の中で意外とあるものです。
　右ページに、その一例と何をするかをご紹介しています。
　たとえば、交通機関を利用する際のスキマ時間では、メールや電話をチェックしたり、次のアクションを考えたりできますね。ちなみに私の場合は、トライアスロンのトレーニングを兼ねてアポ間の移動中はランニングウェアにリュックを背負ったスタイルで走っていることが多く、その間に生じるちょっとしたスキマ時間を仕事に充てるようにしています。

　時間も人生も有限です。この限られた唯一絶対の資源を、スマホを使って有効利用しましょう。仕事や人生の質は今より何倍も上がるはずです。

スキマ時間で一気に仕事が加速する

細切れ時間の例

電車・バス・タクシーの
待ち時間、乗車時間
信号の待ち時間（歩行時）
アポとアポの間のスキマ時間
コンビニ等のレジ待ち時間
トイレの最中

何をするか

次のアポ情報を確認
（内容・移動手段・地図など）
メール・電話など人からの連絡を確認・応対
思いついたことをメモ・タスク化
タスクやスケジュールの整理
各種申込み手続き
（イベントやセミナーなど）
必要物品の購入・振込
（Amazon など）

スキマ時間で終わる仕事はたくさんある

05 残業ゼロで 1日が「30時間」に

　たまに「忙しい」が口癖で、残業が趣味みたいになっている人を見かけます。そういう人は本人も気づかない間にまずい仕事のやり方になっていたりします。
　当然**プライベートの時間も犠牲**にしていて、かといってそれを改善するための取り組みは特に何もしていない。皆さんの周りにもいませんか。
　私は良い仕事をするためにも、プライベートな時間は大切にしたほうがいいと考えています。私の会社では、できるだけ先の予定を決めて有給休暇をとるなど、プライベートと仕事との折り合いをうまくつけるよう社員さんにお願いしています。
　プライベートの時間が確保できない人は、今こそ仕事のやり方を見直すときかもしれません。

　私からオススメしたいのは、これまでの仕事のやり方に、スマホを使った新しい仕事術を少しずつ採り入れていくということです。
　スマホを仕事に活用できるようになれば、時間の有効活用が進むと同時に仕事のコントロールがうまくなり、今より多くの可処分時間を手に入れられるようになるでしょう。

> 効率がグンとアップ！　1日が「30時間」に！

スマホを上手に使えば、人生も豊かに！

　あとはその時間をプライベートに充てればいいのです。
　1日24時間という時間は、人間に等しく割り振られた人生資源です。
　しかし、働き方を変えることによって、**1日24時間を実質30時間にすることはできます**。
　仕事に少しずつスマホを採り入れて、公私バランスのとれた人生を目指しませんか？

| オリジナルなiPhone使い | Column 01 |

カメラの「ズーム機能」で素早く状況確認

　スマホで仕事の生産性を向上させたいと思ったときに、必ずしもメーカーが決めた使い方をする必要はありません。スマホはあくまで仕事やプライベートを充実させるための道具であり、自分ならではのオリジナルな使い方があってもいいと思います。

　私もいくつかオリジナルな使い方があり、そのうちの1つは**スマホを双眼鏡代わりに使う**ことです。

　たとえば、訪問先に向かって歩いている途中で、遠方に掲げられた看板の文字が見えない場合があります。また展示会やセミナーなどで、前方にある舞台上の様子が見えないことがあります。そういうときは、以下の手順でスマホカメラのズーム機能を使えば、肉眼で見るよりもはるかに状況確認がしやすくなります。

キーロックがかかった状態でスマホ画面を上部にスワイプ→コントロール画面でカメラボタンを押す→通常操作でズーム機能を使う

　「なんだそんなことか」と思われるかもしれませんが、簡単な方法で、仕事の役に立てられるのが真に上手な道具活用と言えるのではないでしょうか。

　双眼鏡以外にも、状況確認しながらここぞというときには、そのまま写真撮影やビデオ撮影の機能を使うこともあります。固定観念にとらわれず、ぜひあなただけの活用法を見つけ出してみてください。

神速仕事に直結する!
「スマホの処理速度」をアップ

買ったばかりのスマホは、幅広いユーザー層に向けて通知機能や着信機能など"おせっかいな設定"がたくさん施されています。そもそも仕事とプライベートではスマホの使い方や利用シーンは異なるはずです。仕事ではできるだけムダな機能は省いて快適に使いたいですよね。スマホはいくつかの設定を見直すことで、劇的に使いやすくなります。この章ではスマホの操作性を良くするための設定ワザをご紹介していきます。

1 章

06 不要なアプリを消して、スマホもスピードアップ

　便利だからと言ってスマホにアプリをめちゃくちゃ入れている人を見かけます。

　あまりに多いと使いこなせないばかりか、スマホの処理速度を遅くしてしまいます。

　私の場合は、以下の手順で、使っていないアプリはすぐ閉じ、不要なアプリは極力削除するようにしています。

アプリの終了
ホームボタン二度押し→不要なアプリを上にスワイプ

アプリの削除
アプリを長押し→「×」マークを押す→削除（アンインストール）

　「設定」や「電話」「時計」などのiPhone自体の動作に関わるアプリ、「メッセージ」「写真」などの標準装備されているアプリには「×」マークがつきません。

　必要なものを手違いでアンインストールしてしまう心配もないでしょう。

　データをスマホに残す必要がなければ、アプリ自体

アプリの終了と削除

アプリの終了
ホームボタンを二度押しして、不要なアプリを上にスワイプ

アプリの削除
アプリを長押し→不要なアプリ上に表示された×マークを押す→削除

閉じたアプリはいつでも起動できる。こまめに閉じれば、そのぶん処理速度が上がる

任意のアプリを長押しすると×マークがついて揺れだす。不要な場合は×を押すと削除できる（×マークは削除可能なアプリのみにつく）

は削除してしまっても、App Storeなどで再びダウンロードできるものがほとんどです（38ページ）。

　不要なアプリは勇気をもって削除することをオススメします。

29

07 忙しいからこそやっておきたい アプリ整理のルール

「せっかく入れたアプリを削除するのは勇気がいる」といった声もあがりそうです。

私は「**一応保存**」と「**Old**」という2種類のフォルダを作り、削除予定のアプリを一時保存するようにしています。アプリを別のアプリ上にドラッグすると、フォルダが勝手に作成されます。

「一応保存」フォルダには、直近ではしばらく使わなそうなアプリを保存します。この中からそのうち明らかに不要と判断すれば「Old」に移動させます。

「Old」フォルダには、不要と判断したアプリを念のため保存します。数ヵ月たっても利用していなければ即削除、標準装備で削除できないものはそのまま保存、などの何らかのルールを設けるといいでしょう。

また、**ホーム画面のページ数を一定数にする**ことも有効です。私は2ページ以内に収まるようにしています。1つ目の画面にはよく使うアプリを、2つ目には、食べログやKindleなどのときどき使うアプリを、また、利用頻度を抑えたいFacebookなどのSNSアプリも置いています。

アプリ整理のルール

アプリ用のフォルダを作って整理

×マークがついた状態で、「一応保存」または「Old」フォルダにドラッグアンドドロップで移動（フォルダ名は×モードで編集可能）

「Old」フォルダ
不要なアプリを保存。数ヵ月後に正式に削除（削除できないアプリは保存したままにする）

「一応保存」フォルダ
要否判断できないアプリをひとまず保存。不要と判断したらOldに移動

ホームページ画面のページ数を少なくする

1ページ目　よく使うアプリを置く

私の場合、メモやSMS、写真、設定アプリなど、頻繁に使うアプリを配置

2ページ目　たまに使うアプリなど

私は、食べログやKindleなどのときどき使うアプリを2ページ目に。また、利用頻度を抑えたいFacebookなどのSNSアプリもココに配置

08 必要最小限のアプリだけで、数多くの仕事をこなす

　私は基本的にムダなアプリを入れないようにしています。前述もしましたが、処理速度が遅くなったり、整理に時間がかかったり、アプリ操作の習熟に時間がとられたり……といったことを避けたいからです。そのため、私は他の人と比べてもアプリはかなり少ないほうです。そんな私が、「**これだけは日常業務の中でどうしても欠かすことができない!**」アプリを紹介します。

Lifebear：Googleカレンダーと同期可、表示効率・操作効率が非常に優れている

Gmail：承認や受発注など、社内外のやりとりで記録に残す必要のあるコミュニケーションに利用

GoTasksやToDoリスト：GoogleのToDoリストと同期可、シンプルな操作で個人のタスク管理ができる

MessengerやSkype：社内外とのちょっとした確認事項やアポ取りなど簡易なコミュニケーションに利用

Facebook：対外的な情報発信に利用

Chrome：パソコンとブックマークを同期して幅広い用途で利用、スマホ仕事術の生命線

Googleドライブ：パソコンローカルファイルの内容確認のために使用

> 使いやすいアプリはどんどん使う

Yahoo!乗換案内

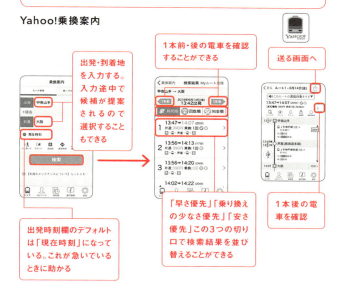

Yahoo!乗換案内：ユーザーインタフェースが秀逸、とにかく見やすい（上図）

　意外と思われるかもしれませんが、私はとにかく日常の最速・快適を目指しているので、LINEやEvernoteはほとんど使いません。Instagramやその他も同様です。一度使ってみて、業務上の明らかなメリットがなければ、使うのをやめます。単に流行っているから、といった理由だけで使い続けることはありません。
　それよりも、今あるアプリをより深く使いこなせるようになるほうが、はるかにメリットが大きいのです。

09 スピードダウンの原因、アプリ「通知」はオフに!

　よく、仕事の途中で何度もスマホに通知が入って、そのたびにスマホに目を落としている人がいます。おそらく目の前の仕事にちゃんと集中できていないのではないでしょうか?

　また、ロック画面に表示されたメッセージの内容が偶然目に入ってしまうこともあり、セキュリティは大丈夫なのかとこちらが心配になることもあります。

　これはアプリごとに設定されている通知機能によるものです。実際のところほとんどのアプリに通知は不要だったりします。例外として、メールやチャットなどコミュニケーション手段として使うアプリだけは、通知機能の1つである**アイコンのバッジ表示のみオンになっていてもいい**でしょう。それ以外は、おおむねノイズになるためオフにしておくことをオススメします。

　アプリをインストールした際には、デフォルトで通知機能がオンになっている場合が多いので、以下の設定方法で通知機能をオフにします。

①設定→通知→該当のアプリをタップ
②通知が不要なアプリは「通知を許可」をオフに

アプリ通知をオフ

通知を設定する画面

設定→通知→該当のアプリをタップ

通知が不要なアプリをオフ

「通知を許可」をオフにする

「バッジ表示」

「バッジ表示」とは、アイコンの右上に表示される数字の通知のこと

1章 神速仕事に直結する！「スマホの処理速度」をアップ

<u>③アイコンのバッジ表示だけ認めるアプリは「通知を許可」がオンの状態で「Appアイコンにバッジを表示」だけをオンにしてそれ以外をオフにする</u>

　今のところ私がバッジ表示をオンにしているのは、「ChatWork」「Facebook」「Gmail」「iPhoneを探す」「Lifebear（アラームのため）」「Messenger」「Skype」「SMS」「電話」のアプリです。

　こういった小さな積み重ねによって、集中力を削がない環境を作り上げることができるのです。

10 たった10秒の設定で、スマホがサクサク動く

　動作がキビキビしているスマホでも長く使っていると起動の遅さや動作の重さが気になります。原因は起動アプリの数やキャッシュ、ネットワークなどさまざまです。ここでは、改善・解消法を紹介します(手順は右ページ図)。

メモリ解放をおこなう

　アプリを使わずiPhone単体でメモリを解放します。以下の注意を踏まえて実施しましょう。

　注意①:メモリ解放すると、作業途中のアプリもリフレッシュされるため、事前の保存をお忘れなく。

　注意②:頻繁にメモリ解放を行うとバッテリー消費を早める可能性があります。この方法はFace IDを搭載したiPhone X以降のiPhoneでは使えません。

Appのバックグラウンド更新をオフ、Spotlight検索の対象やSiriの検索候補の無効化

　メモリ負荷軽減、バッテリーの節約につながります。

「視差効果」を減らす、「透明度」を下げる

　「視差効果」を減らすと、アプリ開閉時やロック画面の解除時のアニメが簡易化されます。

サクサク動作になる4つの設定

1. メモリ開放を行う

ホーム画面で電源ボタンを長押し→
「スライドで電源オフ」の画面でホームボタンを長押し（約5秒）

2. バックグラウンド更新をオフ

設定→一般→Appのバックグラウンド更新→バックグランドで更新不要のアプリをオフに

3. SpotlightやSiriの検索の無効化

設定→Siriと検索→検索結果から除外してもよいアプリを選択→オフ

4. 視差効果を減らす、透明度を下げる

設定→一般→アクセシビリティ

「透明度を下げる」と、「視差効果を減らす」をオンにする

検索結果に含まないアプリを選択することで、スマホ自体の動作を軽くする

　「透明度」を下げると、iPhoneのドック（ホーム画面の一番下にある一列）やフォルダ、通知センターの透過効果がオフになります。

1章　神速仕事に直結する！「スマホの処理速度」をアップ

11 定期的にやっておきたい！「重い」「遅い」を解消

　スマホの処理速度を保つために、定期的に行っておきたいメンテナンスも紹介します。

　しかし、いずれも注意深く行ってください。スマホ自体の動作は軽くなるものの、それまで蓄積されたデータが消えることで、逆に効率が悪くなることもあるからです。何度か試すうちに、判断基準をもうけてメンテナンスすることが理想的でしょう。

重すぎる特定のアプリを再インストール

　重いのはデータがクラウド上にある、Facebookなどのアプリです。頻繁に使うぶん、閲覧した画像やドキュメントファイルなどのキャッシュが溜まります。以下の手順で一度アプリを削除した後、再インストールします。

<u>**設定→一般→iPhoneストレージ→アプリの容量を確認（FacebookやTwitter）**</u>
<u>**→ホームに戻って不要なアプリを長押し→アプリ上に表示された×マークを押す→削除→その後App Storeへアクセスし、再びアプリをインストール**</u>

ブラウザのキャッシュ等をクリア

　ブラウザの閲覧履歴などを削除することで、ネット

定期的なスマホのメンテナンス1

1. アプリの容量確認

設定→一般→iPhoneストレージ→画面下にスクロールして各アプリの容量を確認)

下にスクロール

「iPhoneストレージ」で、全体でどのくらい使用しているかがわかる

それぞれのアプリの容量を確認する。SNSなど、データがクラウド上にあるものは、ストレージの容量を使っていることが多い

2. ブラウザのキャッシュのクリア

Safari
設定→Safari→履歴とWebサイトデータを消去→履歴とデータを消去

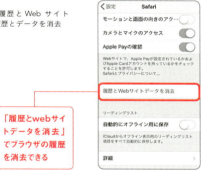

「履歴とwebサイトデータを消去」でブラウザの履歴を消去できる

Chrome
ブラウザ右下の設定ボタン→設定→プライバシー→閲覧履歴の消去→「Cookie、サイトデータ」「キャッシュされた画像とファイル」にチェックを入れる→完了

閲覧履歴を消去すると、ブラウザ自体も軽くなる

1章 神速仕事に直結する!「スマホの処理速度」をアップ

39

検索の際のスピードがスムーズになります。Safariと
Chromeでは少し手順が異なります。

Safari

設定→Safari→履歴とWebサイトデータを消去→履歴とデータを消去

Chrome

ブラウザ右下の設定ボタン→設定→プライバシー→閲覧履歴の消去→「Cookie、サイトデータ」「キャッシュされた画像とファイル」にチェックを入れる→完了

キーボードの予測変換をリセット

以下の手順で、学習機能で蓄積された予測変換データを削除します。

設定→一般→リセット→キーボードの変換学習をリセット→パスコード入力→辞書をリセット

強制的に再起動

再起動時は画面が一時消灯し、リンゴマークが出現します。なお、機種によって操作手順が異なります。

・iPhoneX/iPhone8/8Plus

音量ボタン（アップ）→音量ボタン（ダウン）→サイドボタン（従来のスリープ/スリープ解除ボタン、電源ボタン）を電源が切れるまで長押し

定期的なスマホのメンテナンス2

3. 予測変換

設定→一般→リセット→キーボードの変換学習をリセット
→パスコード入力→辞書をリセット

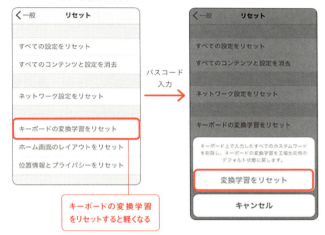

キーボードの変換学習をリセットすると軽くなる

・iPhone7/Plus

サイドボタンと音量ボタン（ダウン）を同時に長押し

・iPhone 6s/6s Plus/SE 以前の端末

ホームボタンとスリープ/スリープ解除ボタン（電源ボタン）を同時に長押し

　便利ワザだけでなく、こういったメンテナンス方法を知っておくと、トラブルを未然に防ぎ、結果的に時間の節約につながります。ぜひオススメしたいところです。

12 「怪しいメールは開かない!」が一番安全&速い!

　これまでパソコンと比べてスマホは比較的ウイルスやセキュリティ面での心配が少ないと言われてきました。しかし、全世界でこれだけ端末が普及した今、**悪意をもった仕掛けもどんどん高度化**してきており、スマホとはいえ気が抜けない状態です。以下にそれらを回避する主な対応方法をご紹介します。

怪しいメールは開かない、迷惑メール処理を

　怪しいメールは開かないのが一番です。最近は「先日はありがとうございました。」のような友人のメールと勘違いさせる釣りタイトルの迷惑メールが横行しています。これらのメールを開くと、ウイルスに感染したり、不当請求される場合もあります。なんとなく不自然なメールが届いた場合には、メール送付元のドメイン名が正しいものか確認するなど注意が必要です。

　また、明らかな迷惑メールについては、メーラーの設定で「迷惑メールとして報告」等の設定を行うと迷惑メールと認識され、次からは受信トレイには入ってこないようになります。右ページにSoftBankの設定を参考例に挙げていますので、ご自身が使っているメーラーを確認してみましょう。

迷惑メール設定の例

迷惑メール設定サービス（SoftBankの例）

・キャリアのフィルター機能の利用

My SoftBank →メニュー→メール管理
→迷惑メール対策タブ

・メールアドレスで拒否設定

迷惑メール対策タブ→
画面を下へスクロール

迷惑フィルターの強度を設定する

メールアドレスのフィルタリングの設定をする

1章 神速仕事に直結する！「スマホの処理速度」をアップ

43

13 スピード仕事術に直結!
セキュリティ対策のキホン

　セキュリティ対策の中でも最も基本的で最も重要なのは、**画面ロック**です。また、2ファクタ認証機能を有効にすることで、さらにセキュリティを高めることができます（次ページ図）。

　セキュリティ対策はキリがないと言えばキリがないのですが、もしものときに被害が大きくなってしまわないよう、次に紹介する方法で普段から対策しておきましょう。

怪しいサイトにアクセスしない

　メールと同様に、怪しげな海外サイトや違法サイトを開いたらウイルスが含まれていたり、不当請求されるといった事件が頻発しているので、こういったサイトにはうかつにアクセスしない、また、アプリをダウンロードしない、といった心がけが必要です。

最新のOSとアプリを使用する

　最新のOSやアプリには新機能だけではなく、脆弱性を修正するプログラムが含まれるなどセキュリティ対策が施されています。面倒くさがらずタイミングを見計らってアップデートしておくほうがいいでしょう。ただ、最新OSのリリース直後にアップデートすると誤作動を起こし

> セキュリティ対策のキホン

画面ロック・2ファクタ認証

設定 → Touch ID とパスコード → パスコード入力

設定 → ユーザー名 → パスワードとセキュリティ

指紋を登録すると、指紋認証を使えるようになる

2ファクタ認証とは、パスワードが漏れても、本人のデバイスがなければログインできないしくみのこと

不審なプロファイルを削除

設定→一般→プロファイルを選択し、不審なプロファイルがあれば削除
※「プロファイル」には、基本的に重要なものばかり（キャリアのメールや Wi-Fi スポット利用時の構成ファイルなど）。慎重な判断を

怪しいものや設定した覚えのないものがあれば、確認したのち削除

たり、動作が重くなったりすることも。ネット上の評価が一定してからアップデートするのが無難かもしれません。

不審なアプリやプロファイルがあれば削除する

　怪しいサイトにアクセスした直後にアプリがインストールされていたり、プロファイルができてしまっている場合があります。少しでもおかしいなと感じたら、できるだけすみやかに、アプリ名などをネットで調べたりして、削除するかしないかの判断を慎重に行ってください。

14 スピードを追求するなら、iPhoneとAndroid、どっち?

　iPhoneとAndroidのどちらが優れているかをここで論じるつもりはありません。あくまで私個人の視点にはなりますが、それぞれのメリット・デメリットを挙げていきます。

　iPhoneのほうができることが絞られているぶん、初心者にも優しく、1つひとつの**操作性が大変なめらか**な印象があります。特に指紋認証によるロック解除はかなり高速です。その一方でAndroidについては、端末やアプリが豊富で、拡張性にも優れることからやや玄人向けといった印象があります。

　また、機種や利用状況にもよりますが、iPhoneは充電のもちが比較的良い一方で、Android端末は充電が高速といった特徴もあります。

　本書におけるスマホはあくまで仕事で結果を出すための道具なので、みなさんの置かれた状況や目的によってiPhoneとAndroidどちらを使うかは自由に決めていいと思います。

iPhoneとAndroidの比較

	iPhone	Android
操 作 性	なめらか 例）指紋認証のロック 　　解除が高速　など	もたつくことも
機種（端末）	Apple 社の１社のみ	メーカー各社から多数発売
拡 張 性	Android に比べると、アプリや機能が限られる	アプリが豊富。玄人向けとも言える
充 電 時 間	比較的時間がかかる	高速
電池のもち	比較的良い	iPhone に比べると電池のもちは短い

　身軽でパワフルに働きたいなら、サイズはあまり大きくなく、ハード性能は高めでアプリは少なめをオススメします。ちなみに私は今スマホはApple 社のiPhone SEで、パソコンはWindows 機のVAIOを使っています。正直Windows 版のiTunesには反応速度や使い勝手の面で気になる部分はありますが、拡張性など総合的なメリットを考えて、私はこの組み合わせで運用しています。

　個人的にはユーザーインターフェースに優れた商品を数多く手がけてきた任天堂にスマホを出してほしいのですが。

| オリジナルなiPhone使い | Column 02 |

大事な予定の前に。「3秒」で身だしなみチェック!

　スマホ仕事の主役は使い手の皆さんです。道具の使い方にもバラエティが出てくるのが理想です。

　その1つが自撮りモードでスマホを鏡代わりに使うというワザ。

　目ヤニや鼻毛のチェックから、女性であれば髪型や化粧ノリまで、出先でちょっとした身だしなみを確認したい需要は大きいはずです。

　自撮りモードにする方法は、**キーロックがかかった状態でスマホ画面を上部にスワイプ→コントロール画面上のカメラボタンを押す→カメラの向きを変えるボタンを押す**。

　あとは実際の鏡のように使うだけです。

　自分の身だしなみだけでなく、他人の身だしなみを撮影して、本人が気づかない部分を直接スマホ画面を見せて知らせてあげる、といった使い方もできます。私もおせっかい心でごく稀に、本人が気づかないような衣服のほつれや飲食物の汚れなどを指摘するのに使うことがあります。

　このようにできるだけスマホを多目的に利用することで、日頃の持ちものを少なくすることができます。

　他にも懐中電灯やコンパス、計算機など、スマホで代替できる小物は結構あるので、工夫次第であなたならではの意外な使い方を発見できるかもしれませんね。

いつでもどこでも仕事が可能に!
最強の時短テク

スマホは起動が圧倒的に速く、片手に収まるサイズなので、いつでもどこでも操作が可能で場所を選びません。特に私のようなオフィスにいないビジネスパーソンにとって最強のビジネスツールでしょう。そこで、本章では、いかに早く仕事に取りかかり、集中できる環境を作れるかに、よりこだわったスマホの使い方をお伝えしていきます。

2章

15 スピーディーに操作するための「持ち方」と「大きさ」

　スマホは、片手で包み込むように持ちながら、ホームボタンに届く位置（ホームボタンがない機種は画面下のバー）に親指を置くのがおおむね基本のポジションです。親指を使ってタッチ操作やスクロール操作を行い、片手でフリック入力や、ときには両手でキーボード入力することもあります。

　片手操作をマスターしておくと、反対の手がフリーになって筆記用具などを使えます。

　特に私の場合は、移動したり走ったりするスキマの時間に利用することが多いです（注：使用中は立ち止まっています）。**落とさずすぐ操作に移せる持ち方は、スマホ仕事術の生命線**です。

画面の大きさは仕事の仕方を基準に選ぶ

　スマホの大きさで使い方が変わってきます。

　小さい画面……携帯性に優れる。指が届きやすいので、タスク管理などの作業がしやすい

　大きい画面……閲覧性が高い。作業領域の広いアプリ（ネット検索やエクセルなど）と相性がよい

　私の場合は、あえて最新モデルではなく画面サイズ

> スマホの持ち方

片手操作
包み込むように持ちながら、親指をホームボタンに置く。親指を使って操作する

両手操作
両手で持ち、両方の親指を画面に置く。キーボード入力などの際に効率良く行える持ち方

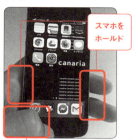

スマホをホールド

女性など、指が届かない場合、画面上部は、片方の手を使って操作。文字入力などは画面下部なので、たいていの仕事は片手で可能

親指で画面やボタンを操作、スクロールやフリック入力にも利用

両指を使うため、最も素早く入力が可能

の小さいiPhone SE（約12cm×約6cm）を使っています。いくつかサイズがあるので、目的に応じて使い分けるといいでしょう。

　他にも、何か思いついたとき瞬時に取り出せる工夫もしています。移動中はズボンのポケットに入れる、ランニング中はウェストポーチに入れるなどです。

　私は、少しでも軽くするのと外観の美しさを眺めるために、防護ケースは使っていません。このあたりは好みだと思いますが、落下破損させない自信がある方は、挑戦してみてもいいかもしれません。

16 どんな体勢でもOK! スキマ時間でグングン進む

　スマホでメールやネット検索中、ソファーに寝っ転がったとたん、画面の向きが勝手にひっくり返って困った、といった経験はありませんか？　同じく、YouTube等の動画アプリを全画面モードで見ていたら、少し動かした拍子に縦向きになったり……。戸惑う時間がもったいないですね。

　これはiPhone標準の回転機能のせい。そんなときは画面が回転しないようロックしておけば回避することができます。

　回転機能をロックするには、ホームの状態から上に向かってスワイプし、コントロールセンターの**南京錠マークのアイコンを選ぶことで、オン・オフの切り替えができます**。画面をロックすると、その状態の向きでしか利用できなくなります。ちなみに混乱を招くので、基本的には利用し終わったら都度オフにしておいたほうがいいでしょう。

　もしブラウザなど、横向きに固定できないアプリの場合は、「アクセスガイド」を使って裏ワザ的に実現できます（手順は右ページ図）。

画面の向きをロック

縦向きにロックする

(画面をスワイプ)→コントロールセンターを開く。回転機能のアイコンを選択できる

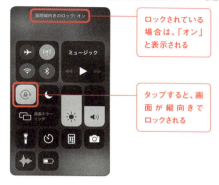

ロックされている場合は、「オン」と表示される

タップすると、画面が縦向きでロックされる

横向きにロックする

設定→一般→アクセシビリティ→アクセスガイド→「アクセスガイド」をオンにする
オフにするには、もう一度ホームボタンをトリプルクリック→パスコードを入力→「終了」を押す→スマホ本体を縦に戻す

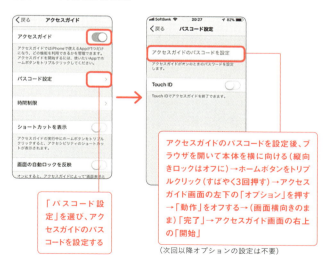

「パスコード設定」を選び、アクセスガイドのパスコードを設定する

アクセスガイドのパスコードを設定後、ブラウザを開いて本体を横に向ける(縦向きロックはオフに)→ホームボタンをトリプルクリック(すばやく3回押す)→アクセスガイド画面の左下の「オプション」を押す→「動作」をオフする→(画面横向きのまま)「完了」→アクセスガイド画面の右上の「開始」

(次回以降オプションの設定は不要)

17 サクッと「音量調節」して、結果を出す環境へ

　会議中や電車内などで、受信音を鳴らしてうるさがられる人っていますよね。
　人の迷惑にならないよう、TPOに合わせて音やバイブをうまく使い分けたいものです。

　私の場合、集中時間を確保するため、普段は音は鳴らさずすべてバイブにしています。
　目覚ましやアラームの目的の場合には、バイブに加えて簡易な音を鳴らすようにしています。特に音の種類にはこだわっていませんので、ここでは音量調節の方法を紹介します。

設定アプリから調節する

　iPhoneでは基本的に設定アプリから調節できます。着信音と通知音の音量もここでスライド調節することができます。

コントロールセンターで調節する

　着信音、通知音以外に、音楽やムービーの音量も調節可能です。

> 音量調節

設定アプリから調節
設定→サウンド→着信音

コントロールセンターで調節
画面の下端から上方向にスワイプ→コントロールセンターが表示

バイブレーションを選択すると、音も数種類選べる

サウンドの音量を調節

音量調節ボタンで調節する

　iPhone本体左側の音量調節ボタンではあらゆる音を調節できます。

マナーモードを設定する

　iPhone本体左側のスイッチでマナーモードにでき、あらゆる音声を消音します。ちなみに私は常に消音の状態にしています。

18 「電池切れ」に時間を奪われない! 3つの機能をオフに

　外出先で気づいたらスマホがバッテリー切れ寸前だった、という経験はありませんか？　充電ケーブルや外部バッテリーで対処する以外にもスマホの設定や使い方を次のように見直すだけで、バッテリーをずいぶんと節約できるようになります。

画面の明るさを調整する
　ディスプレイ画面の明るさは、バッテリーの消費にかなり影響します。いざとなれば視認できるギリギリまで明るさを落とすことで、一時的にバッテリーの消費を節約することができます。具体的には、画面の下端を上にスワイプしてコントロールセンターを表示し、明るさ調節スライダを上下にドラッグするだけです。

Wi-FiやBluetoothをオフにする
　Wi-FiやBluetoothは使っていなくても、オンにしているだけで勝手にバッテリーを消費しています。コントロールセンターで、使わないときはオフにしましょう。

インターネット共有（テザリング）をオフにする
　「テザリング」もオンにしているとバッテリーを消費し

バッテリーのもちを良くする

コントロールセンターから調整

画面の下端を上にスワイプ
→コントロールセンターを表示

テザリングをオフに

設定→インターネット共有

ます。使わないときはオフにしておきましょう（テザリングについては192ページを参照）。

　私もこれらのワザのおかげで、バッテリー残量が際どい状態を何度もしのぐことができました。その他、iPhoneのコントロールセンターから**「機内モード」をオンにして充電すると、電池の消耗を抑えて充電速度を上げられる**ので、合わせて覚えておきたいところです。

| オリジナルなiPhone使い | Column 03 |

音楽サービスで、いつでも"超集中状態"に

　今の時代のような喧騒に満ちた社会では、集中環境を作りだすのはなかなか至難の業かもしれません。

　たとえば、職場では誰かが声をかけてくる無意識のプレッシャーが常にあったり、外出途中でカフェ作業しているときも周りが騒がしくて集中作業を阻害するケースは少なくありません。

　そんなときは、いつでもどこでも瞬時に集中環境を作るために、イヤホンをつけて**音楽配信サービスを利用**してみてはいかがでしょうか？

　なんだそんなことかと思われるかもしれませんが、職場のルールで許される範囲で最も安価で効果的な方法だと言えます。

　ちなみに私が利用している音楽配信サービスは、Amazon Music、Spotify、TuneInの3つです。

　あくまで集中力を維持することが目的なので、細かい選曲やアーティスト探しに時間をかける必要はありません。仕事用のBGMとして割り切って利用するといいでしょう。

　私も、そのときどきの仕事内容によって、落ち着いて作業をしたい場合はクラシックやJAZZ、ひらめきやテンポアップして作業をしたい場合にはポップスやダンスミュージック、といった感じで使い分けるようにしています。

秒単位で仕事を片づける!
入力のワザ

コンピューターツールを使った仕事全般において、入力効率の向上は極めて大きな問題です。情報生成の始まり方1つで、作業全体のテンポや効率が大きく変わってくるからです。

本章では、スマホでの入力スピードを上げるテクニックをお伝えします。慣れてくれば、たとえば、この本の1項ぶんくらいはスマホでサッと書けるようになるでしょう。

3 章

19 神速仕事のために まずは押さえておきたい! キホンの入力ワザ

　スマホで文字や数字を入力する場合、大きく分けて、**「フリック入力」「キーボード入力」「音声入力」**の3つの方法があります。この中でどれかが一番良いというわけではありません。以下を参考にしながら、状況に応じて最も適切な入力方法を選択できることが大切です。

フリック入力

　フリック入力は日本独自のキー配置です。キーボード入力よりも入力字数が少なく、片手の操作にも適しています。初めての方は慣れるまで少し時間がかかりますので、SNS投稿などから始めていくのが近道かもしれません。ボタンも大きいぶん、慣れると入力ミスもグッと少なくなるはずです。

キーボード入力

　キーボード入力はパソコン操作に慣れている人にとって最も馴染み深い入力方法と言えるでしょう。ボタンの小ささが難点ですが、両手入力に適しており、慣れればフリック入力にも劣らない速さと正確さが手に入ります。コツは指を少し斜めに倒してタッチすること。誤入力が減ります。

> フリック・キーボード・音声入力を覚える

音声入力

　フリック入力やキーボード操作などのタッチ操作ができない状況下で有効な手段が音声入力です。長文作成はさすがにキツイかもしれませんが、キーワード検索などの単純な入力には十分使えます。私は、ランニング途中にToDoを思いついたときや、外出中お店を探したくなったときなど、頻繁に音声入力を使っています。

　詳しい操作は次項からお伝えしていきますので、状況に応じて最速・正確に入力できるようになるまで、ぜひ習熟してみてくださいね。

20 最速で文を作るための「キーボード」設定

　「入力ワザ」を身につけるにあたり、キーボード設定が重要です。私は以下の設定で、今のところストレスなく、スピーディーに入力できています。まず、「フリック入力」が使えるかどうかを確認します。

<u>**設定→一般→キーボード（画面下へスクロール）→「フリックのみ」がオン**</u>になっているかを確認

　次に、「日本語ローマ字」の入力がなければ追加し、キーボードの順番を設定します。なお、私のキーボードの順番は、「日本語かな（フリックのみ）」「英語（日本）」「日本語 - ローマ字」の順番です。

<u>**設定→一般→キーボード→（「日本語 - ローマ字」がなければ）「新しいキーボードを追加…」をタップ→「日本語 - ローマ字」を選択**</u>

　キーボードの順番を変更する場合は、<u>**画面右上の「編集」をタップ→右側の三本罫線マーク長押しで行い、「―」で削除**</u>できます。
　キーボードの使い勝手は、個人差がとても大きいです。変更する場合は、ご自身で検証しながら慎重に行うようにしましょう。

入力設定で文章作成が超速に！

フリック入力が使えるかを確認

設定→一般→キーボード（画面下へスクロール）

※私は普段フリック入力は使いませんが、どうしても片手しか空いてない、というとき用にフリック入力は設定しておくのが無難です

「日本語-ローマ字」の入力を設定し、キーボードの順番を確認する

設定→一般→「キーボード」を選択

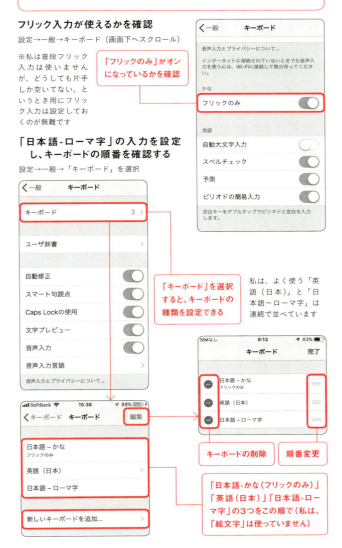

3章 秒単位で仕事を片づける！ 入力のワザ

21 高速文字入力が可能になる!
4つのコツ

　テキストの選択と入力は、スマホ仕事術においては最も重要な基礎技術と言っても過言ではありません。ネット検索やその他の情報処理など、すべての作業に関わってくるからです。そこで本項目では、すぐに役立つ**テキストの選択と入力の便利ワザ**をお教えしたいと思います。

テキストを1回タッチでカーソル表示……テキストを1回タッチでカーソルが表示され、文字入力ができる

テキストを長押しで選択……テキストを長押しすると選択メニューが表示され、選択や全選択、ペーストを選ぶことができる

2回タップで単語選択……テキスト編集の状態で、単語を2回タップ。その単語が選択された状態に。その後、カット・コピー・ペースト等が選択できる

2回タップでそのままドラッグで指定選択……単語を2回タップ後、指を離さずドラッグ。単語を始点に選択範囲を広げることができる。(その後カット・コピー・ペーストにスムーズにつなげることができるので、私も重宝しています)

テキストの選択

1. テキストを1回タッチでカーソル表示

2. テキストを長押しで選択

2011年に神戸市で行われた「デザインの日記念イベント2011」をきっかけに発足。その後、活動を重ねて2013年に法人化。
神戸を本拠地とし、参加型謎解きイベントの企画・制作・運営のほか、研修事業や地域活性化事業なども手がける。
クロネコキューブのミッション（経営理念）
「ワクワクで世界を変えていく」

1. 謎解きの楽しさを1人でも多くの人に体感して欲しい
謎解きに必要なのは観察、ひらめき、思考です。知識はほとんど要りません。
小さい子からお年寄りまで謎が解ける醍醐味を体感してほしいと思っています。

2. 謎解きを通して他者との協力関係を構築する
見ず知らずの人たちとのチーム戦ではお互いの協力が必要な場面があります。
情報の共有や役割分担、全員の頭脳を結集して問題を考えることもあるでしょう。
ゲームが終わるころにはそれまで見知らぬ人だったチームメイトとの間に、
深い絆が出来上がっていることに気づくはずです。

3. 謎解きによって地域を活性化させる
観光マップには載ってはいないけれど、不思議な魅力に溢れた場所。
どんな地域にもそんなスポットが一つや二つはあるものです。
地元の方々にも〜を舞台にゲームをすることで、〜の魅力を再確認して欲しいと思ってい

3.2回タップで単語選択/4.そのままドラッグで指定選択

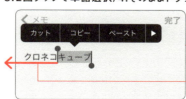

ドラッグで「クロネコ」まで範囲選択

3章 秒単位で仕事を片づける！ 入力のワザ

65

22 作業効率がさらにアップ!「箇条書き」と「戻す」の早ワザ

文章の質をより引き上げるワザもご紹介します。

英語キーボードでピリオド+スペースを簡単入力

事前設定として、**設定→一般→キーボード→ピリオドの簡易入力をオン**にしておきます。その後は、英語キーボードで何らかの英数字を入力した後、スペースキーを2回タップすると「ピリオド+スペース」になります。「1.＊＊＊」などレポート作成時の項番号の入力などに大変便利です。

iPhoneを振ってテキストの入力や削除を取り消す

文字をコピーしようとして、間違って消してしまった場合など、一瞬慌ててしまいますよね。そんなとき、取り消し機能を使えば簡単に元の状態に戻すことができます。

まず取り消したい状況が生じた場合に、すぐiPhone本体を軽く振ってみます。そうすると**「取り消すー入力」**と表示されるので、「取り消す」を押せば元の状態に戻してくれます。

慣れると日常業務の作業効率が高まります。身体が覚えるまで時間をかけて練習するのはいかがでしょうか。

「箇条書き」と「戻す」の早ワザ

英字モードでピリオド＋スペースを簡単入力

事前設定…一般→キーボード→「ピリオドの簡易入力」をオン

項番を入力した後に、スペース2回

英文を入力した後に、スペース2回

iPhoneを振ってテキストの入力や削除を取り消す

「取り消す」を選択すると、1つ前の動作に戻る

23 アルファベット文字入力と再変換で、仕事が加速する

　英語と違って日本語は文字変換がともないます。これが入力効率を落としている一因とも言われています。そこで文字変換で使える便利ワザをマスターしておくことで、入力作業の負担を減らすことができます。覚えておくと大変便利な裏ワザをご紹介しましょう。

英大文字を続けて入力

　「OKADA」のように英大文字を続けて入力したいとき、1文字ずつ「↑」キーを押していませんか。実は、「↑」キーをダブルタップすれば、Caps Lockがかかって、**大文字を連続してスマートに入力できるようになります**。

確定した文字を再変換

　文字入力の際、変換候補の中から間違ったものを選んでしまうこともあるでしょう。そんなとき、最初から入力し直さなくても、その箇所だけタップして範囲選択すれば、再び変換候補の中から正しいものを選び直すことができます。このワザを知っておくと誤入力を恐れなくなるため、入力が速くなるでしょう。

アルファベット文字入力と再変換

英大文字を続けて入力

「↑」マークを2回押すと、大文字を連続で入力できる

確定した文字を再変換

入力後でも、改めて範囲選択すると、変換候補が表示され、再度選択できる

24 文章の質がグンと上がる！賢いカンタン文字変換

単純変換以外にも、便利な機能があります。

日付や年号を変換入力

日本語入力の途中で日付や年号など数字を入れたい場合、その都度数字入力に切り替えなくても、「きょう」「あした」「きょねん」「ことし」「らいねん」と入力すれば、変換候補の中から選択できるようになります。カレンダーを見なくて済むので、私も重宝しています。

数字を効率良く入力

「12 時〜 13 時まで」と入力したい場合、通常は数字モードに切り替えて入力します。一方、両手を使えば、動作が 1 回ぶん省けます。

左手の指で切り替えボタンを押しながら右手の指で数字を入力し、その後切り替えボタンから指を離せば、そのまま元の入力モードで続けることができます。数字が混ざった文章を効率良く入力できます。大文字・小文字の切り替えにも同じワザが使えます。

地味ではありますが、頻繁に使える変換ワザですので、ぜひ覚えておいてくださいね。

その他の文字変換

日付や年号を変換入力

例：入力日が 2019 年 7 月 16 日の場合
・「きょう」→ 7/16、2019/07/16

・「あす」→ 7/17、2019/07/17

・「きょねん」→ 2018 年、平成 30 年……

・「らいねん」→ 2020 年……

数字を効率良く入力

かな/ローマ字入力モードで、英数字ボタンを押しながら英数字を入力して指を離すと元のキーボードに戻る

3章 秒単位で仕事を片づける！ 入力のワザ

25 辞書登録で スピーディーに入力する

　あなたは普段自分がスマホでどのくらい同じ単語や言葉を使っているか意識したことがありますか？　おそらく自分の名前や「お世話になっております……」といった枕詞などは、日常何度も登場していることでしょう。

　そんなとき、スマホ標準装備の「辞書機能」に登録しておけば、1、2文字入力するだけで、特定の単語や言葉に変換することができます。

　この機能を使えば、入力工数を大幅に削減できるだけでなく、入力ミスを減らすことにもつながるので、強くオススメします。

辞書の登録手順

<u>設定→一般→キーボード→ユーザ辞書→＋ボタンを押す→「よみ」に入力する文字を、「単語」に変換する単語や言葉を入力→右上の「保存」を押す</u>。

　登録しておく代表的なものとしては、自分の「名前」や「連絡先」、「住所」、日常よく使う「メール文」、といったものがあります。ときどき自分が書いた文章やメール文を見直してみると、無意識のうちに同じ言葉を使っていることに気づくと思うので、頻度の多いものは登録し

辞書登録で入力の手間が省ける

辞書登録の画面 設定→一般→キーボード→ユーザ辞書→＋ボタン

入力候補の一例

辞書の利用

「よみ」を入力すると、変換候補に、登録した単語が表示される。

ておくといいでしょう。

　他にも、自分の会社のHPのURLや、住所など、文字数が多いものは特に便利です。

　ただ、あまりに多くの単語を登録すると、把握しきれなくなるので、備忘を兼ねて登録内容のメンテナンスを行いましょう。

　ちなみに全iOS端末間でiCloudにサインインしていて、iCloud Driveをオンにしていれば、ユーザー辞書のデータを同期することも可能です。端末の入れ替え時やiPadと併用する場合などには、ぜひお試しください。

26 音声入力で文章を作れば、超高速化

　急いでいるときや歩いている途中など、タスクやアイデアを思いついても、メモをとり難い状況があると思います。そんなときは、音声入力をオンにすれば、より簡単・便利に入力作業を行うことができます。

　音声入力を利用するにはまず、

設定→一般→キーボードで、「音声入力」がオンになっているかを確認します。

　もしオフになっていれば、オンにしましょう。

　音声入力を行うには、入力画面で、マイクボタンを押します。入力したい内容をスマホに語りかけると、テキストに変換されて文字入力されます。

　私の場合は、日常的なToDoの入力や簡単なメモ作成に利用しています。特にランニング途中など、景色が変わることで、新しいアイデアを思いつくことが多いです。立ち止まってその場でステップを踏みながら音声入力を重用しています。

　近年の音声入力の変換精度には目をみはるものがあり、それにともなって私の音声入力の利用頻度も増え

音声入力

音声入力設定の確認

事前設定…「一般」→「キーボード」
「音声入力」をオンにする

マイクボタン

てきています。おかげで指入力のストレスから解放され、同時に効率化も進められるので本当に助かっています。

　ただし、満員電車や公共の場所など、音声入力がふさわしくないシーンもありますので、TPOに応じて指入力と音声入力をうまく使い分けてくださいね。

27 「全角スペース」でFacebookを見やすくする裏ワザ

　SNSなどのアプリケーションは、通常パソコン版とスマホ版ではそれほど使い勝手は変わりません。しかし、Facebookだけは、入力方法の違いが生じます。具体的には、もともと**Facebookの仕様は、改行した空白行が自動的に縮められてしまうというものです**。これでは長文になるととても読みづらいですね。

　この現象に対して、Facebookでは行頭に全角空白を入れることで空白行を固定できるという裏ワザがあります。一方、iPhoneは半角スペースしか使えないため、このワザを使うことができません。

　そこで、苦肉の策というか、この現象を回避する裏ワザをご紹介します。

①GmailやSMSを使ってパソコン側からiPhone側に「　■」が記載されたメールを送る
②設定→一般→キーボード→ユーザー辞書→「+」から新しくユーザー辞書を開き、①で送られた「　■」をiPhone上でコピー＆ペーストする
③単語のところに「　■」、よみのところに「くう」と入力し「保存」する（※任意の文字、この場合は空白の「くう」)

76

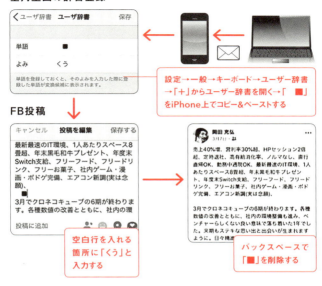

辞書登録した後は、「くう」とよみを入力すると「　■」が呼び出せるので、あとは「■」をバックスペースで削除すれば全角空白だけが残ります。

このワザを使えば、Facebookの投稿以外にも、「岡田　充弘」のような氏名入力にも役立ちます。

コンピューターでは通常、半角空白と全角空白は異なる文字として認識されます。iPhoneとパソコンを連携して使う場合のトラブルを避けるためにも、ぜひ覚えておいてもらいたいワザの1つです。

28 文字サイズと太さを調整して、速さと正確さを手に入れる

　普段スマホで仕事をしていて、文字サイズが小さくて見えにくいと思うことはありませんか？　文字サイズが小さいと、ミスやストレスの原因になるだけではなく、目を近づけることで視力の低下にもつながりかねません。あまりに気になるようなら、何らかの対処が必要です。

文字サイズを変更する

　iPhoneでは基本となる文字サイズを、以下の手順で変更することができます。

　設定→画面表示と明るさ→文字サイズを変更→ボリュームを右に移動（初期は中央位置にある）

　この機能は、メモ、SMS、Gmail、Facebook等で使えるようです（Dynamic Type機能をサポートしているアプリが対象となる）。日常使う主なアプリケーションはおおむねカバーされていると言ってもいいでしょう。

文字を太くする

　文字サイズの他、「画面表示と明るさ」の画面で「文字を太くする」をオンにすると、さらに文字を太くすることができます。この機能は通常はあまり使わないかもしれませんが、画面キャプチャをとって資料作成に使いた

文字のサイズと太さを変える

文字サイズを変更 設定→画面表示と明るさ

文字を太くする

標準　　　　　　　　　　　　文字を太くした後

い場合などは、文字の輪郭がはっきりと表示されるので、意外と役立つかもしれません。

　このようなちょっとしたチューニングや設定方法はまだまだ無数にあるのですが、知っているのと、そうでないのとでは、毎日の快適さや生産性が大きく変わってきますので、ぜひ使い慣れてもらえればと思います。

29 誤変換はスマホ任せ。ミスなく素早く進める!

　文章作成途中で英単語を入力する際、スペルミスをしてしまうことがあると思います。そんなとき、以下の手順でキーボード設定をしておけば、とても便利です。

<u>設定→一般→キーボード→「自動修正」をオン→「スペルチェック」をオン</u>

　たったこれだけの設定で、単語入力中にスペルを間違えても入力エリアの下に選択候補が表示されます。
　入力後はその単語をダブルタップして表示される選択メニューから「置き換える」を選ぶと新たな選択候補が表示されます。
　あとは選択候補から正しいものを選べばいいのでとても簡単です。

「自動大文字入力」をオフに

　アルファベット入力で、頭文字が勝手に「大文字」になって不便に感じたことはありませんか。
　キーボード設定上で「自動大文字入力」をオフにすると、この現象を回避できます(次ページ図)。
　英作文をするときなど、頻繁に単語の先頭文字を大

文章は自動修正でミスが激減

英文入力設定の確認

設定→一般→キーボード→「自動修正」をオン→「スペルチェック」をオン

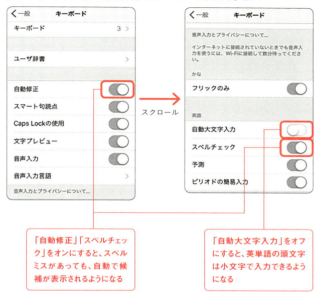

「自動修正」「スペルチェック」をオンにすると、スペルミスがあっても、自動で候補が表示されるようになる

「自動大文字入力」をオフにすると、英単語の頭文字は小文字で入力できるようになる

文字から小文字に変換するのは手間がかかるので、気になる人はこの設定をしておけば安心です。

　英単語入力1つとってみても、こうした小さなワザを知っているのと知らないのとでは、作業効率や文書品質に大きな差が生まれてくるので、ぜひとも覚えておいてもらえればと思います。

30 電卓がなくても、スマホなら複雑な計算も一瞬!

　消費税の計算や概算金額の算出など、ちょっとした作業で計算機を使いたいことがあると思います。そんなときiPhone標準の計算機アプリが意外と使えます。

計算機の利用方法と注意

　計算機を利用するには、以下の2つの方法があります。
①ホーム画面の「計算機」アプリをタッチして起動
②画面下部から上へスワイプしてコントロールセンターを呼び出し、計算機アイコンをタップして起動

　iPhoneの計算機は通常の電卓と異なり、「＝」を押すと四則演算の順番で計算されます。「3＋2×6」の計算結果は、通常の電卓では「=30」になりますが、iPhoneの計算機では「=15」になります。

計算結果のコピー＆ペースト

　計算結果を長押しするとその上に「コピー」が表示され、タップするとコピーが可能です。メモや別のドキュメントに数字をペーストすることができます。
　また逆に、他のアプリケーションから数字をコピーして、計算機にペーストすることも可能です。

何か作業をしている途中で計算が必要になった場合に役立ちそうですね。

入力数字の1桁削除

入力した数字の部分を左または右にスワイプすると、直近の入力値を1つずつ削除することができます。数字の入力ミスをした場合、Cでオールクリアしないでも1文字ずつ消していけるので、私も重宝しています。

まずはスマホ上の基本的な計算操作をマスターしましょう。

電卓がなくても素早く計算できる環境を整えることができるのでオススメです。

31 知っているだけで仕事が速くなる！「累乗」と「関数電卓」

　iPhone標準の計算機には、基本的な計算機能の他にも、いろいろと便利な機能が備わっています。

繰り返し計算

　計算結果を「＝」で表示した後、再度「＝」を押すと、最後に入力した計算式を繰り返します。たとえば「3＋5×2＝」を押すと「13」が表示されます。さらに「＝」を押すと最後の計算式「×2」が繰り返され、計算結果は「26」になります。手軽に累乗したい場合など便利に使えるワザでしょう。

計算機を関数電卓に変身

　画面縦向きロックが解除されている状態で、計算機の画面を横向きにすると、関数電卓が表示されます。累乗や三角関数の計算など、高度な計算を簡単に実施できる機能が備わっています。以下に仕事のちょっとした計算で役立ちそうなものを紹介いたします。

① （）を使う

　関数電卓の（）を活用すると、iPhone特有の四則演算ではなく、一般の電卓のように計算式の先頭から計

関数電卓を使うことも可能

関数電卓の出し方

メモリー機能の使い方

関数電卓のメモリー機能を使うと、（ ）の入った計算もカンタンに

算することができます。たとえば、「3+2×6＝」の計算結果は、iPhoneの計算では「15」になりますが、一般の電卓のように頭から計算したい場合には「(3+2)×6＝」と入力すると「30」が表示されるようになります。

②メモリー機能「m+」「m-」を使う

　関数電卓の「メモリー機能」は、途中の計算結果を記録することができます。たとえば、800円の書籍5冊、1000円のコップを3個買ったときの合計金額は、以下の順に入力すれば算出できます。

mc→800×5＝→m+→1000×3＝→m+→mr→7000円

32 書き出しをひと工夫＆Gmailと連携で、さらに高速化

　皆さんは普段、iPhone標準のメモアプリを使っていますか？　実はこれ、有料のメモアプリを購入しなくても、意外と使える優れものだったりします。その機能や使い方のコツについて紹介したいと思います。

メモの1行目は件名に

　メモアプリのアカウントフォルダを開くと、作成したメモの一覧が表示されます。一覧の件名は、メモの先頭行が表示されるので、メモ入力時にひと目見て中身がわかるような内容にしておくと便利です。

Gmailと同期

　以下の設定でメモの内容をGmailと同期させることができます。パソコン上でメモ内容を確認できるようになり、メールや資料の作成に使えるので大変便利です。

設定→パスワードとアカウント→すでに登録しているGmailアカウントを選択or「アカウントの追加」でGmailを新規登録→メモのスイッチをオンに→設定画面に戻ってメモを選択→「デフォルトアカウント」でGmailアカウントを選択

　利用方法は以下の通りです。

> Gmailとメモを連携

メモとGmailの同期設定

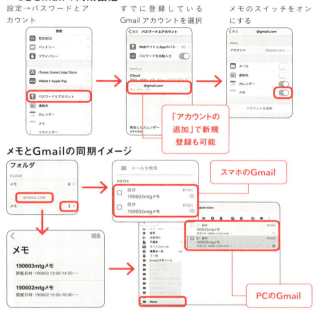

メモとGmailの同期イメージ

メモ → Gmail アカウントを選択 → 右下の新規作成ボタンを押してメモ作成 → Gmail のメニュー欄に「Notes」ができてそこにメモ内容が同期される

ちなみに、iPhone上のメモ帳を削除・更新すると、GmailのNotes内のメモに反映されます。その場合、メモアプリ上で削除してもGmail上での検索は可能です。

33 手が離せなくても、ソッコーでメモを取れる

　メモアプリを手動で開かなくても、なんとSiriを使ってメモを取ることができます。「Hey Siri」と呼びかけるか、ホームボタンを長押しで、Siriを呼び出し、「メモ」と呼びかけメモしたい内容を話すと、登録完了です。

Siriを使ってメモを検索する

　作成したメモは、Siriを使って検索することが可能です。ここまできたら、なんでもSiriでできちゃいそうですよね。方法は以下の通りです。

Siriが開いている状態で「○○のメモを開いて」→件名または本文に○○が含まれるメモが提案される

電話中のメモのとり方

　通話途中にメモを取りたくなるときがありますよね。そんなとき、紙とペンがなくてもメモアプリを使って代用することができます。具体的には以下の方法で操作します。

通話中画面でスピーカー→ホームボタン→ホーム画面でメモアプリ→スピーカー通話しながらメモ入力を実施→通話画面に戻るには画面上部の緑色のバーをタップ→通話画面に戻る

　ちなみに、メモ以外にも、カレンダーアプリを確認し

ハンズフリーでメモを取る

Siriを使って、メモを取る・メモを検索する

「Hey, Siri」で Siri を起動→「メモを取る」でメモを起動

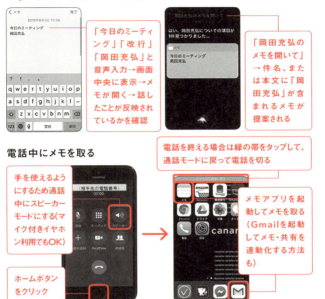

たり、ブラウザで検索したりすることも可能です。慣れると実際に電話しながらパソコンや手帳を開いているような感覚で便利に利用することができます。

　iPhone標準機能なのに、メモアプリにこれだけ便利な使い方があるのってちょっと意外だったりしませんか？ぜひうまく活用することをオススメします。

| オリジナルなiPhone使い | Column 04 |

どんなに急いでいても、タッチミスしない

　自宅から出発する前や電車の待ち時間など、急いでいるときに限って、iPhone操作でもたつくことがあると思います。

　すぐに反応しない場合などには、以下の手順で、設定アプリのタッチ調整を使って感度を調整することができます。

設定→一般→アクセシビリティ→タッチ調整→「タッチ調整」をオンに

　他にも以下のような微調整をする方法がありますので、一度設定してみて使い勝手を試してみましょう。

「タッチ調整」でタッチして認識する時間などを調整
「繰り返しを無視」で複数回タップを1回のタッチとみなす
「タップ補助」を使ってタッチ位置によるタップ認識を設定

　実際私の場合は「タッチ調整」はiPhoneの初期設定のまま利用していて、違和感があればできるだけ自分の感覚を合わせるようにしています。

　もしAndroid端末等、他の機種から変更したばかりの方や、どうしても自分の感覚に合わない場合には、こちらの機能を使って快適な反応速度に調整されることをオススメします。

仕事が一気に動き出す!
タスク&スケジュール管理

皆さんは、仕事のスケジュールやタスクの管理をどのように行っていますか? 紙の手帳を使っている人も多いでしょう。私も紙独特の良さをよく理解しています。しかし、ネットのカレンダーサービスと連携できないなどのデメリットがあり、仕事使いではどうしても限界があります。そこで、本章ではタスク管理やスケジュール管理で使えるデジタルツールを紹介していきます。周囲と共有できるので、仕事のサイクルがどんどん早まり、チャンスも増え、結果も出しやすくなります。

4 章

34 最強最速の スケジュールアプリは コレだ!

　私は月表示の画面でできるだけ多くの情報を俯瞰してから、スケジュール判断したいので、理想の画面に最も近い「**Lifebear**」というアプリを使っています。

　LifebearはGoogleカレンダーと同期が可能で、視認性や操作性に優れているのが特徴です。私はこれまでいろいろなカレンダーアプリを試してきましたが、このアプリが**最も違和感なく使えて、知りたい情報に最短で到達することができる**と感じています。以下にLifebearの初期設定と使い方について紹介したいと思います。

Lifebearの初期設定と使い方

　まずは右ページの手順でGoogleカレンダーとiPhone標準カレンダーを同期設定します。

　基本的にはGoogleカレンダーと使い方はほぼ同じです。私は特に、アポを忘れないようにするため出発30分前にアラート表示されるよう通知機能を使って設定しています。また、繰り返し機能を使って週次・月次の予定を定例化するよう設定しています。

　ただし、Lifebearはファイル添付ができません。もし必要であれば、Googleカレンダーのアプリを使うと、Googleドライブからのファイル添付が可能になります。

オススメの手帳アプリ「Lifebear」

月表示

多くの情報を見ることができる。
最もよく見る画面

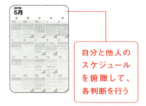

自分と他人のスケジュールを俯瞰して、各判断を行う

まず設定しておきたい「同期」設定

iOSカレンダーとGoogleカレンダーの同期

Googleカレンダーの同期ページを開く（下記URLをブラウザに入力）
https://calendar.google.com/calendar/iphoneselect

自分が作成したカレンダー

カレンダー機能を「オン」にする

選択後、保存ボタンを押す

iOSカレンダーとLifebearの同期

Lifebearを起動→その他→設定→「iOSカレンダー同期」をオンに

周囲の予定にチェックを入れる。また、祝日なども入れておくと予定が立てやすい

4章 仕事が一気に動き出す！タスク&スケジュール管理

93

35 スケジュール共有で、アポ調整のムダなやりとりを一掃!

　スケジュールは社内の人とも共有することで、**会議の時間調整を効率的に行えるようになり**、全社的に時間資源をムダなく有効利用できるようになります。また、許されるのであれば家族ともスケジュールを共有しましょう。プライベートの予定との折り合いがつけられるので、ムダのないライフワークをおくることができます。

　スマホで他の人とスケジュール共有するには、基本的にはパソコン側でGoogleカレンダーが共有されていることが前提です。右ページにiPhone側の設定手順を紹介します。

　同様にLifebearでも設定します。Myカレンダー設定から同期されているカレンダーにチェックが入っているか確認し、入っていなければ表示したいカレンダーにチェックを入れます。カレンダー画面に戻れば表示されていることが確認できるはずです。

　パソコンでスケジュール共有はいまや珍しくありません。スマホ上で自在にスケジュール共有できるようになれば、グループワークやプロジェクトワークが格段にやりやすくなるはずです。

周囲とスケジュールを共有する

1. iPhoneのブラウザでGoogleカレンダーの同期設定画面を表示させる

https://calendar.google.com/calendar/iphoneselect

左記URLを、ブラウザのアドレスバーに入力する

2. Googleカレンダーの同期設定画面で、同期するカレンダーを選択する

他の人が作成したカレンダーが表示される。共有するカレンダーにチェックを入れる

選択後、「保存」を押す

3. iOSカレンダー上でGoogleカレンダーの同期を確認する

「カレンダー」を選択する

Googleの同期設定画面で共有カレンダーにチェックが入ったものが表示される

36 アラーム機能なら、サクサク予定をこなせる

皆さんは、目の前の仕事に集中しすぎて、人との約束をつい忘れてしまった経験はないでしょうか？　恥ずかしながら私にはあります。以降は自分の記憶や意識を信用しないで、スマホのアラーム機能を使うようにしています。

Lifebearのアラーム機能を使えば、あらかじめ設定したタイミングでアラームを鳴らせるので、アポに向けた出発時間をついうっかり忘れることがなくなります。

初期設定でLifebearの通知を許可した後（右ページ）、以下の手順でアラームを設定します。

Lifebearを起動し、画面下の「＋」マーク（行動作成ボタン）→タイトルを入力→「終日ボタン」をオフに→予定時間を入力→通知→1時間前（任意で選択）を選択→戻る→保存

ちなみにアラームを鳴らす出発時間は、アポの時間から準備や移動の時間を差し引いて考えます。または、アポの途中で次の予定のために切り上げないといけない時間を設定しておくと、大変便利です。

Lifebearのアラーム機能

Lifebearでアラーム設定（初期）

設定→通知
→ Lifebear

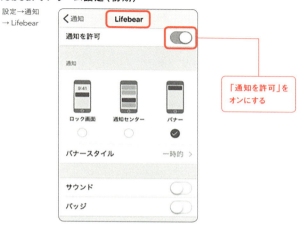

「通知を許可」を
オンにする

Lifebearでアラームを登録（都度）

Lifebearを起動→画面下の「+」マーク（行動作成ボタン）→タイトルを入力→「終日ボタン」をオフに→予定時間を入力→通知→1時間前（任意で選択）を選択→戻る→保存

4章 仕事が一気に動き出す！ タスク&スケジュール管理

37 日常生活でも効率的に使える！Siriで時間管理

　さくっとアラーム設定したい場合は、iPhoneの場合、Siriを使ってアラーム機能をセットすることもできます。「Hey Siri」でSiriを呼び出した後、それぞれ以下を呼びかけます（Siriの事前設定は162ページを参照）。

アラームを鳴らす

　「6時に起こして」とお願いすれば、iPhoneが目覚まし時計になります。少しだけ仮眠をとりたいときなど、日常のさまざまなシーンで役立ちます。わざわざロックを解除して時計アプリを起動せずとも、以下のように呼びかけてSiriに設定してもらったほうが早いでしょう。

　6:00に起きる場合：「朝の6:00にアラーム」
　17:00に起きる場合：「夕方の5:00にアラーム」
　3分後に起きる場合：「3分後にタイマー」

アラーム一覧の呼び出し

　「アラーム」で、アラーム一覧を呼び出して、すみやかにアラーム機能の設定をすることができます。

すべてのアラームを解除

　「すべてのアラームを解除」で、現在オンになっている

Siriのアラームで時間管理

1. アラームを鳴らす

Siriの呼びかけ例
「朝の6時にアラーム」「夕方の5時にアラーム」「3分後にタイマー」など

2. アラームの一覧呼び出し　　　**3. すべてのアラームを解除**

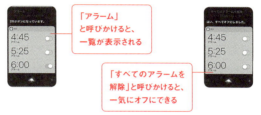

「アラーム」と呼びかけると、一覧が表示される

「すべてのアラームを解除」と呼びかけると、一気にオフにできる

アラーム機能を一気にオフにすることができます。

　ちなみに、音を鳴らさないバイブアラームの設定方法は、以下の通りです。

バイブが初期設定されている状態で、アラーム機能を起動→特定のアラームを選択するか新規でアラームを登録し、編集画面のサウンドで「なし」を選択

　これで設定完了です。次の予定のために移動するべき時間を自分に知らせたいときなどに、このワザを使うと他人に気づかれず、とてもスマートと言えるでしょう。

　アラームやタイマーを日常で便利に使って、"うっかり"をなくしてくださいね。

38 タスクをモレなく管理できる「GoTasks」

　パソコンではタスク管理ツールとしてGmail付属のToDoリストを使っていますが、これをスマホで使おうとするとどうも使い勝手がよくありません。

　ですので、私はスマホの**「GoTasks」**という無料アプリを使ってタスク管理を行っています。スマホ・パソコンのいずれかから入力した内容が、双方で同期されるため大変便利です。

　アプリをインストールしたら、アカウント画面から利用中のGoogleアカウントを入力することで、パソコンのToDoリストとの同期環境が整います。

　そのためパソコンとスマホのタスク管理方法は同じです。具体的にはパソコンのGmail上で**「1.タスク（自）」と「2.タスク（他）」と命名した2つのリストを作成**し、すべてのタスクをこちらで管理します。

　「1.タスク（自）」は自分がボールを持っているタスク、「2.タスク（他）」は誰かに依頼して他人がボールを持っているタスクを管理します。仮に誰かに質問メールを送った場合などは、回答待ちとしてそのメールを「2.タスク（他）」で管理するようにします。

　基本的にはGmailを使ってタスクの依頼・被依頼のやりとりを行い、依頼者はCcに自分のアドレスを入れてお

GoTasksでタスクを整理する

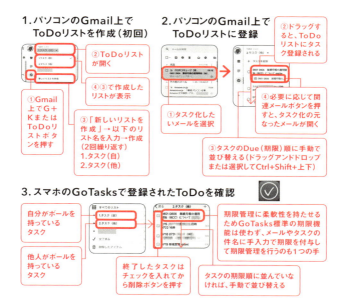

　くようにします。依頼者はパソコンの受信フォルダに届いた依頼メールを選択して**ドラッグすれば、開いているToDoリストへ瞬時にタスクとして登録**されます。

　その後はパソコン上のToDoリストでもタスク管理できますし、同期されているスマホのGoTasks上でも管理することができます。

　GoTasksはかなり手軽に使えるので、タスクのモレを防いでくれることでしょう。

schedule

一瞬の「情報整理」で、大量の仕事をサクサクさばく

「保存したファイルが見つからない」。
人が1日に探し物をしている時間は平均すると30分以上もあるそうです。このムダを省くためにも、本章では、ファイル（フォルダ）整理を中心に、画期的な方法をご紹介していきます。
データは何もしなければ増えていく一方です。ファイル整理を少し工夫するだけで、一瞬で目的の資料が見つかるようになります。
そうすれば、仕事がどんどん速くなるでしょう。

5章

39 超効率的! スマホでもパソコンでも ファイル管理

　パソコンでファイル管理をすることは一般的ですが、電車移動などのスキマ時間を使って、パソコンのファイルを整理できたら便利だと思いませんか？　実はGoogleドライブやDropboxなどのストレージサービスと無料アプリを少し設定するだけで一元管理ができるのです。事前設定の手順を、Googleドライブを例にご紹介します。

①パソコンにGoogleドライブをインストール

②パソコンファイルを①に保存

③iPhoneにも同じアプリをインストール。「ファイル」アプリからアクセスして操作が可能に

④「ファイル」アプリ上で適用するストレージサービスを、画面下の「ブラウズ」→編集→アプリをスイッチオン→「完了」で選択

　私は、パソコンファイルはほぼすべてGoogleドライブ上に保存し、スマホでも同じ環境を再現しています。Googleドライブは、ファイルの編集までできるため、簡単な議事録メモの修正などに重宝しています。他にも、メールに添付されたファイルの管理や共有にも活用できます（右ページ図）。

ファイルはGoogleドライブで管理

「ファイル」アプリとGoogleドライブを連携させる
ファイルアプリを開く→「ブラウズ」ボタン

② 「編集」をタップし、適用するストレージサービスを選ぶ

① 「ファイル」アプリを開いたら、画面下の「ブラウズ」を選択

③ 適用するストレージサービス（ここでは、Googleドライブ）のスイッチをオンにしたら、「完了」をタップ

Gmail上の添付ファイルを保存・再送信
添付されているファイルを開く

「ファイルに保存」を選択

保存先フォルダを選択して「追加」ボタンを押す

Googleドライブのファイルを送信
Googleドライブを開き、画面下の「ファイル」を選択

該当ファイルの「…」を選択

「コピーを送信」を選択

メールやSMS、Messenger等に添付してファイル送信

40 マメな「写真整理」が仕事のスピードにも好影響!

　iPhoneで撮った写真を皆さんはどのように管理していますか？　スマホに溜め込んだままの人も多いかもしれませんが、パソコンに移動させることによって仕事上のさまざまな可能性が広がります。

　ここでは、iPhoneからパソコンへUSB接続で簡単に移動させる方法をご紹介します（詳しい手順は108ページ図）。なお、パソコンはWindowsでの説明ですが、他のOSでも同じような機能があるので、参考にしながら読み進めていただければと思います。

手動再生の手順

　フォルダやファイル名を細かく設定したいときは以下の手順で行う「手動再生」がオススメです。なお、初めてiPhoneとパソコンを接続するには、相互にデバイスを受け入れる設定が必要です（iPhoneは、接続後、「このコンピュータを信頼しますか？」と表示される）。

iPhoneをUSBケーブルでパソコンに接続→（パソコンにて）Win + X→エクスプローラー→iPhoneを選択→右クリック→画像とビデオのインポート→「すべての新しい項

<u>目のインポート」にチェック→その他のオプション</u>

次に自動再生です。フォルダや、ファイル名などの設定をせずに、写真をパソコンへ取り込みたい場合は以下の手順で行います。

フォルダ、ファイル名の設定を行わないぶん、作業が速く終わるでしょう。

自動再生

パソコンとiPhoneを接続する前に、パソコンで次の設定を行います。

<u>（パソコン上で）コントロールパネル→自動再生→「すべてのメディアとデバイスで自動再生を行う」にチェック→カメラストレージ欄のメモリーカードで「写真とビデオのインポート（フォト）」を選択→保存</u>

iPhoneをUSBケーブルでパソコンに接続したら、以下の手順でインポートの設定を行います。

<u>（パソコン上で）選択画面が自動再生→インポートの設定（初回のみ「ピクチャ」フォルダが提案されるので任意で変更）→完了→選択した項目のインポート→指定した場所にインポートされる</u>

スマホの写真をUSBでパソコンに取り込む

手動再生

iPhoneとパソコンをUSBケーブルで接続する

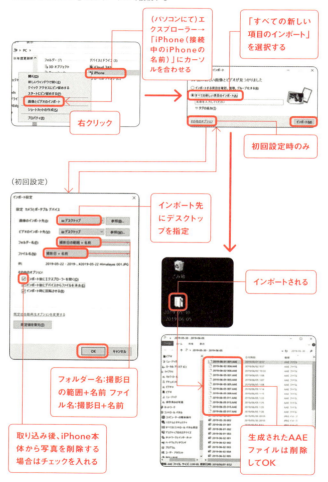

自動再生

(パソコン上で) コントロールパネル→自動再生

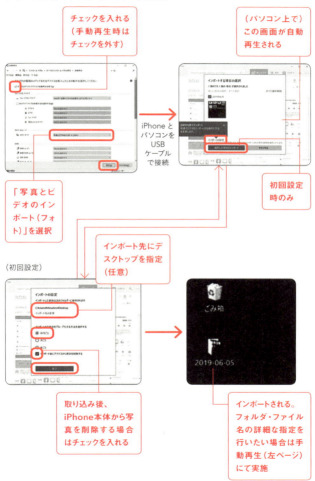

41 Googleドライブと iTunesなら 素早くデータを移動

　ここでは、GoogleドライブとiTunesを使った方法をご紹介します。

Googleドライブを使ってパソコンに同期させる

　Wi-Fi環境があれば、USBケーブルを使わずとも、Googleドライブ上でスマホとパソコンの写真ファイルを同期させることができます（右ページ図）。慣れるとこちらのほうが手軽かもしれません。

iTunesを使ってパソコンの写真をiPhoneに同期

　パソコン内の特定の写真だけiPhoneに同期させることもできます。パソコンのiTunesを起動して、次ページの手順で、写真が保存されているフォルダを選んでおしまいです。**同期させたい写真を絞ることができるためスマホの容量を節約することができます**。私の場合は、プライベートの写真を同期させることで、たまにスマホを眺めて元気をもらったりしています。

　写真は無意識のうちにスマホ内にどんどん溜まっていくものです。整理が追いつかなくなる前に、マメにパソコンと接続して転送・同期するよう心がけてください。

アプリを使って写真管理

Googleドライブを使ってパソコンに同期させる

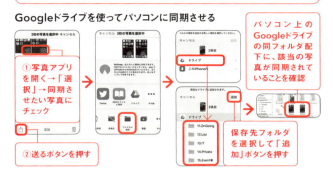

iTunesを使ってパソコンの写真をiPhoneに同期させる

iTunesを開いた後に、iPhoneとパソコンを接続する

ちなみに写真アプリの**アルバムモードで、カメラロール右上の「選択」ボタンを押し、写真の1枚目から選択したい写真に向かって指をスライドさせると、写真を一気に選択する**ことができます。不要な写真をまとめて削除したりするのに便利なワザなので、合わせて覚えておくといいでしょう。

42 ネットの書類テンプレートを使って10倍速に!

　ネットには、契約書の雛形や文書テンプレートなどが散在しています。パソコンでこれらを検索して活用している人もいると思いますが、スマホでも可能です。ちなみに型式はエクセルやワード、PDFなどさまざまです。

　これらのファイルは**「filetype:」**を使うと効率良く検索することが可能です。たとえばワード形式の契約書なら「filetype:docx 売買契約書」とブラウザでキーワード検索すると、該当する検索結果が列記されます。

　こうして検索されたファイルは以下の手順でスマホ上で情報整理できます。わざわざパソコンで開いてから整理する手間が省け、情報整理がさらに進むでしょう。

　スマホのホーム画面、一番上以外の部分を上から下に向かってスワイプ→Spotlight検索のボックスに「filetype」を使って検索キーワードを入力→表示された検索結果の中から目的のファイルをクリックして開く→画面下の共有ボタンを押す→「ファイルに保存」を選択→Googleドライブを選択→保存先フォルダを選択→「追加」

　以上の方法をうまく使いこなすことで、スマホとパソコンでシームレスな情報環境を整えることができるようになります。

書類テンプレートの探し方と保存

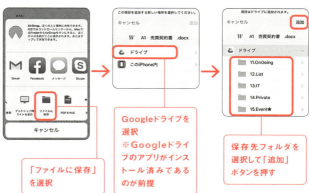

5章 一瞬の「情報整理」で、大量の仕事をサクサクさばく

43 時間ロスをなくす！ファイル整理のテクニック「MECE（ミーシー）」

　スピーディーに仕事をするために情報整理が大切なのはパソコンもスマホも変わりません。本書ではGoogleドライブを中心としたファイル整理を推奨しているため、パソコンもスマホも情報整理のポリシーや手順は基本的に同じです。

　情報整理はファイルにどのような名前をつけるかが重要になってきます。私の場合はMECE（ミーシー）の思考法にそって命名・整理することをオススメしています。

　「MECE」とは、Mutually Exclusive and Collectively Exhaustiveの略で、もともとコンサルティング業界などで使われる、<u>**モレなくダブりのないグルーピングの技術**</u>です。ファイル整理や情報整理でも大変役立ちます。

　実際のフォルダ整理では、MECEの原則に"<u>**家系図の法則**</u>"と呼ぶアレンジを加えて実行します。というのも、階層ごとに整理の視点を完全統一するのは難しく、どうしても矛盾が生じてしまいます。そこで、フォルダ（家庭）ごとにその配下のフォルダやファイルを独自視点で整理しても良い、というルールにすることで、うまく折り合いがつくようになります。まさに「家は家、よそはよそ」で家系図と似てますよね。

ファイル整理のテクニック

こうやって何らかの規則性にのっとって構造化することで、誰でも直感的に理解できて、情報のモレやダブりにも気づきやすくなります。

最初のうちは「顧客」の軸で分けるか「商品」の軸で分けるかなど、整理の視点をどこに置くかで戸惑うこともあるとは思いますが、繰り返し続けていくうちに慣れてくるので、諦めずに原則にそった命名・整理の習慣を身につけていきましょう。

本はスマホで読めば、驚くほど時短に!

　ふと出張先や外出中で、参考資料や手持ちの本を読みたくなることはありませんか? そんなとき、デジタルの本なら、いつでもどこでもスマホ1つで持ち運べるのでなにかと便利です。私は何度も読む本は、ページめくりがなめらかなiPhoneのブックを使って読むようにしています。ブックで読むにはまずApp Storeからアプリをダウンロードします。紙の本を裁断してスキャンするなど、データはPDFファイルのまま入手します。

ファイルをトリミング

　PDFファイルをそのままブックで読み込むと余白のせいで文字サイズが小さくなってしまうので、事前にトリミングをしておくことをオススメします。トリミングはパソコン上でAdobe Acrobat Pro DC等のアプリケーションを使って一気に実行するのがいいでしょう(右ページ図)。

ファイルをiBooksと同期

　PDFファイルの準備ができたら、iTunes Media配下のBooksフォルダの中に保存します。その後iTunesの同期ボタンを押してサイドメニューから、**ブックを選択→ブック欄に先ほど保存したブックをドラッグ&ドロップ→**

本をスマホで読む準備

1. ページのトリミング

パソコンで PDF を開く

- Ctrl + Shift + Tでトリミング機能を開く
- 右のプレビュー画面を見ながら、ムダな余白がなくなるようギリギリまで調整する
- ムダな余白がなくなり、スマホ上で文字サイズが大きくなり、見やすくなる
- ページごとに余白の大きさが異なる場合は、個別に調整が必要

2. 回転

3.「ブック」で読む

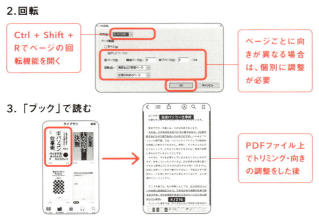

- Ctrl + Shift + Rでページの回転機能を開く
- ページごとに向きが異なる場合は、個別に調整が必要
- PDFファイル上でトリミング・向きの調整をした後

同期ボタン→（iPhoneとの同期が終わったら）終了

　いきなりすべての本をスマホ上で、というわけにはいかないかもしれませんが、何度も読む本から始めてみると、次第にデジタル化が進みやすくなるでしょう。

45 神速スピードのキモ。紙の名刺は保管しない!

　項目名を見て名刺アプリを使うのかと思われた方もいるかもしれませんが、私は名刺アプリは使いません。

　近年では個性的なデザインの名刺も増えているため、どうしてもアプリによる読み取りミスが発生します。さらには名刺アプリの操作方法を習熟する時間や頻繁なアップデートで時間が奪われます。

　名刺管理について長年試行錯誤した結果、入力方法を少し工夫すれば、アプリを使わずとも相当の恩恵を受けられるとの結論にいたりました。

名刺管理のルール

　今は受け取った名刺は、できるだけすみやかにお礼のメッセージを送ると同時に、**デジタル化して一定期間を経たらすべて廃棄する**ようにしています。名刺は仕事の成果とは関係なく、紙の名刺をずっと保管しておく理由はないのです。そもそも紙の名刺を死蔵させていると、そこに記載されている情報を有効活用することができません。もしデジタル化されていれば「東京都港区」でフィルタをかけると一気に該当レコードが抽出され、効率良くアポを取ることもできます。

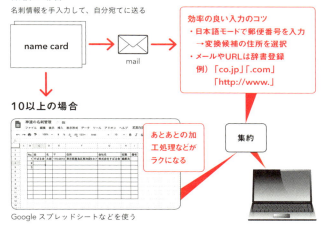

　もし入手した名刺の枚数が数枚程度であれば、自分宛てのメールに名刺情報を手入力して送っておきます。名刺が10枚を超えるような場合には、**Googleスプレッドシート等のアプリ**を使うと、入力効率が上がり、その後の加工作業がやりやすくなるのでオススメです。

　いずれも整理・統合は後からパソコン上で行うといいでしょう。単なる電話帳として使うのであればスマホ内だけで管理してもいいのですが、住所情報や属性情報を有効活用したいのであれば、パソコンに集約したほうが、加工しやすく、可能性が広がります。無理せずパソコンとスマホをうまく連携させていきましょう。

46 生産性を上げるなら、紙資料はその場で写メって共有!

　外出先で紙資料を入手したらどうしていますか？　オフィスに戻ってからコピーやスキャンをしていると、ネクストアクションが遅くなってしまいます。

　そんなときは、思い切って**スマホの写メで済ませてしまいましょう。**
　実際のところ公式文書でないかぎり、紙資料の大半はそれほど精度が求められるものではなかったりします。その場ですみやかにデータ化することができれば、その後の保管作業や他人への依頼作業がスムーズです。紙も溜まらず、作業テンポも速くなるでしょう。
　私は郵便物が届いていると、中身を吟味する前にまずは写メでサクッと撮って、後で落ち着いたときに整理するようにしています。外出先でもらった会議資料やパンフレットなどもこの対象です。

　写メで撮った後は特に整理する必要はありませんが、見やすくなるよう写真アプリの標準機能で余白のトリミングを行っておくといいでしょう（次ページ図）。
　撮った写真をパソコンで使いたい場合には、iPhone上でGoogleドライブに保存してもいいですし、iPhone

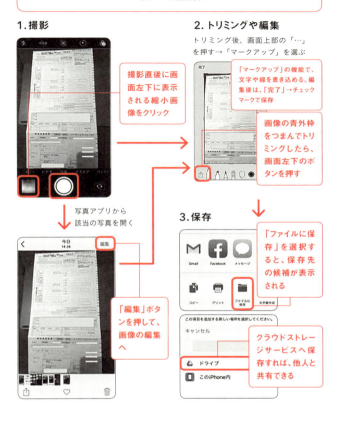

とパソコンをケーブル接続して自動読み込みさせてもいいでしょう（詳細は106〜111ページ）。該当写真を選択して自分宛てにメール送信しておく方法もあります。

一番の高速化ポイント!
「メール」で
脱ムダ・コミュニケーション

メールはチャットなど新たなコミュニケーションツールに押されて出番が少なくなってきていますが、私は特定用途ではまだまだ利用価値があると思っています。たとえば、履歴を検索しやすかったり、ビジネス文書の記録保持や一斉送信ができるからです。
さらに私はメーラーを使ってすべてのタスクを管理しています。メールをいかに活用できるかが、スマホ仕事術のキモなのです。

6章

47 メールは「Gmail」に絞って、超高速化

　メールはコミュニケーションの他、タスク管理の中心を担うツールでもあります。条件に縛られることなく、いつでもどこでもサクッと利用できる状況が望ましいでしょう。そういった環境を実現するために皆さんは普段どんなメールを使っていますか？

　スマホで使えるメールには、フリーメールとキャリアメールと言われるものがあります。フリーメールは「Webメール」と呼ばれることもあり、代表的な「Gmail」や「Yahoo!メール」「Outlook.com」などは、いずれも無料で提供されています。
　一方で、キャリアメールとは、「……@docomo.ne.jp」「……@softbank.ne.jp」といったアドレスの、携帯電話会社が提供するメールサービスのこと。ガラケー時代から広く浸透している、皆さんにおなじみのメールです。

　私はメールアドレスを多く扱いたくないので、キャリアメールは使いません。
　また、メーラーはパソコンでもスマホでも使える**Gmailに統一**しています。統一することで、検索ワザな

フリーメールのメリット・デメリット

フリーメールを何に統一するかは神速仕事のキモ
以下のメリットとデメリットをまずは押さえておこう

メリット	デメリット
・無料で使える ・メールアドレスが端末に依存しない 　（複数のパソコンやスマホなどで使える） ・社内外の人との主要なやりとりに使える ・やりとりの記録を一元管理しやすい	・同じキャリア同士なら無料だが、場合によってはパケット料が発生することがある ・（社用メーラーなどと併用する場合）セキュリティ面で、自己責任となる

フリーメールは1つにすると、作業の効率化に！

※ビジネスにおいて、キャリアメールをメインで使うことは本書では推奨していません。
　私の場合、待ち合わせの確認や、相手方がキャリアメールで連絡がきてその返信に使う
　くらいの少ない頻度です

ど必要なスキルセットを共通化できます。また、データはクラウドを介して同期されるため、どの端末からでも入力・指示することができます。私もスキマ時間を使って、少しでも早く、多くのタスクを完了させようと、Gmailをフル活用しています。

　ちなみに私はiPhoneの標準メーラーは使いません。習熟時間がもったいないので、アプリすら削除してしまっています。
　メインメーラーとして何を用いるかは、仕事効率化には意外と重要なので、慎重に選びたいところですよね。

48 ムダなく意思疎通するための「To・Cc・Bcc」の使い分け

　メールは、MessengerやSkypeなどと違って、To・Cc・Bccの存在があります。宛先指定の手間はかかりますが、正しく使えばコミュニケーションやタスク管理の効率を上げると同時に、他人との無用なトラブルを防ぐことができるのです。以下に使い分けを紹介します。

Toの使い方

　「To」は、特定の人に対して送られる場合に使われ、**送られた側は基本的に返信責任やネクストアクションの必要性が生じます**。メールアドレス間に「,」を挟んで複数の宛先にも送ることもできますが、タスク依頼の場合は責任主体が曖昧になるので、これは情報共有を目的とした場合に適していると言えるでしょう。

Ccの使い方

　「Cc」は、Toのような返信責任はありませんが、その内容を知っておいてほしい人が対象になります。誰がCcに入っているかは受信者全員にわかってしまうので、**不特定多数の人に一斉同報送信をする場合などは、個人情報保護の観点から利用しない**よう注意が必要です。

いまさら聞けない！　宛先機能の違い

	To	Cc	Bcc
特　　徴	・特定の人に対して送る	・Toほど返信責任はない	・内容を知っておいてほしい複数の人に送る
	・送られた側はネクストアクションが必要	・メールの内容を知ってほしい人が宛先になる	・受信者に、他の受信者や存在を知らせたくないときに利用
	・メールアドレスの間に「,」を入れると、複数宛先指定が可能	・誰がCcに入っているかは、受信者全員が把握	・参考情報の共有に用いられることが多い
責任の所在	○	△	△
注　意　点	・複数宛先の場合は、情報共有を目的に（タスク依頼の場合は、責任主体が曖昧になるのを避けるため）	・一斉同報送信には利用しない	・受信者には自分宛てのみのメールに見えるため、場合によっては、BCCで送っていることを知らせる

Bccの使い方

　「Bcc」は、Cc同様にその内容を知っておいてほしいけど、他の受信者に存在や宛先を知らせたくない場合に使われます。Ccと同じく返信責任はないので、**参考情報の共有に使われることが多い**でしょう。また、他の受信者にアドレスが見えないので、一斉同報送信に用いられることもあります。

　実際にTo、Cc、Bccを利用する際、途中まで入力すると、Gmailのオートコンプリート機能が働き、名前やアドレスの候補が提案されるので、そちらから選択するとより早く入力を完了させることができます。

　ぜひコミュニケーションの目的にそって使い分けられるよう、普段から意識してみてください。

49 ダンドリ速度が格段にアップ！ 「作成」「返信」「転送」の コツ

　私は、メール操作の基本機能、「作成」「返信」「転送」で、タスク管理をスムーズに行っています。実は、これがスマホ仕事術のキモなのです。そのコツをご紹介しましょう。

作成

　タスクを思いついたときに、ひとまず紙メモやメモアプリに書くのではなく、メールアプリを開いて直接タスクメールを作成できれば、転記作業が省けて工数を節約することができます。そのときに長々と口語で文章を書くのではなく、**箇条書きで端的**に書く癖をつけておくことで、チャットツールのような簡素で素早いコミュニケーションができるようになります。

返信

　タスクメールのように、同じ内容で同じ相手とやりとりが続く場合には、複数のメールに分けるのではなく、**必ず返信メールに上書きする**かたちで、過去の履歴が1つのメールで確認できるようにしておくようにします。ちなみにパソコン版の返信と違って1対1のメールだと「全員に返信」ボタンがないので、返信時に複数の宛先に

メール作成、返信、転送の書き方

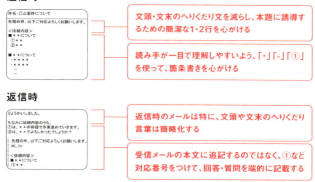

送る場合は個別に指定する必要があります。

転送

送られてきたメールを使って、すみやかに情報共有やタスク依頼を行う際に「転送」を使います。ちなみに「返信」は添付ファイルが外れるのに対して、転送は添付ファイルがついたままになるので、それらを関係者に共有する場合に便利です。コミュニケーションとタスクは密接な関係にあるため、**転送を使ってすみやかにタスク依頼できるよう操作に慣れておく**ことが大切です。

これまで無意識のうちに使っていた「作成」「返信」「転送」をタスク管理の中で意識的に使うことで、仕事のダンドリ速度は格段に速くなるはずです。

50 スマホでも添付ファイルを送って仕事をスピーディーに!

　スマホで人とやりとりをしていると、添付ファイルをつけて送信したい場合があると思います。スマホで添付ファイルのやりとりはできないと思っている人もいるようですが、Googleドライブにファイルがあれば、それを送ることができます。添付ファイルをつけて送信する方法を以下に紹介したいと思います。

Gmailでの添付

　Gmailを開き、以下の手順でファイルを添付します。

Gmail画面右下「＋」ボタンから新規メールを作成→画面右上のファイル添付マークをクリック→画面下をスクロールし「ドライブ」→Googleドライブが開くので該当するファイルを選択

　その他「最近使用した添付ファイル」を選択することもできますし、「カメラロール」を選択すれば、カメラで撮影した写真を添付してメール送信することもできます。タスクメールをやりとりする際の基本的なワザになるので、ぜひ覚えておいてください。

　ちなみにGmailではなく、SMS・Messenger・Skype

Googleドライブから添付ファイルを送る

GmailでGoogleドライブのファイルを送る

を開いて添付ファイルを選択する場合は、写真ファイルのみ選択することができます。こちらは仲間うちで手軽に写真を共有したい場合に向いていると言えます。

Googleドライブから直接添付ファイルを送る

<u>Googleドライブを開く→該当ファイル右のマークをクリック→「コピーを送信」を選択→Gmail（またはSMS・Messenger・Skypeなど）を選択→ファイル添付された状態になるので通常手順にそって送信</u>

このように、できるだけパソコンに相当するスマホのワザを身につけておくことで、スキマ時間の有効利用が格段に進むことでしょう。

51 一気に仕事が終わる! その場で「イメージ共有」

通称「スクショ」と言われるスクリーンショット機能は、今見ているスマホ画面の内容をまるごと静止画にしてくれる機能で、対象の画面を開いて**電源ボタンとホームボタンを同時に押す**だけで実行することができます。

スクショの編集、共有

　スクショを撮った後は、画像に囲み線や吹き出しを入れたり、テキストを表示させることができるので、自分の備忘目的の他、アプリ画面の説明や地図情報など、人に何かを伝えるときに大変役立ちます。

　送信方法は、左下のボタンからGmailやSMS等のアプリを選択するだけです（右ページ図）。

無音でスクリーンショット撮影

　通常スクショを撮る際「カシャッ」と大きな音がするのですが、電車の中など人が密集している場所では迷惑や誤解が生じる恐れがあります。そんなときは、本体横のサウンドスイッチをオフにすると無音でスクショを撮れますので、覚えておくといざというときに使えます（iOS 10.2以降・カメラアプリ起動時以外）。

スクリーンショットの撮影と共有

スクリーンショット撮影

① 本体横のサウンドスイッチをオフ（マナーモード）に設定

② ホームボタンと電源ボタンを同時に押す

③ 見ている画面のスクリーンショットが撮られ、写真アプリに保存される

スクリーンショットの編集と共有

写真アプリを起動→編集する写真を選択→編集→「…」マーク→マークアップ

共有（送信など）

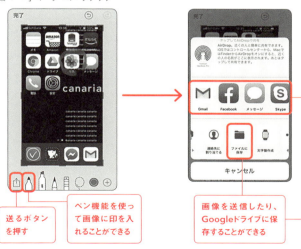

送るボタンを押す

ペン機能を使って画像に印を入れることができる

画像を送信したり、Googleドライブに保存することができる

6章 一番の高速化ポイント！「メール」で脱ムダ・コミュニケーション

52 複雑なコトほど、「動画」で素早く正確に!

　スクリーンショットの他、iOS 11以降はiPhoneの画面を動画でスクリーンレコード（画面録画）ができるようになりました。アプリ操作の動画共有などに使えば、より相手に伝わりやすくなるでしょう。

スクリーンレコードの使い方
　<u>設定→コントロールセンター→コントロールをカスタマイズ→「コントロールを追加」欄から「画面収録」を追加</u>

　初期設定後は、コントロールセンターに追加されますので、画面を上方向にスワイプしてコントロールセンターを表示すると、録画ボタンが出現しています（右ページ図）。
　録画ボタンを押すと、「3、2、1」とカウント表示された後、画面録画が始まります。その際、録画内容にコントロールセンターの操作を含めないよう、カウントの間にコントロールセンターを閉じておきましょう。
　なお画面録画では、BGMなどスマホ内部の音声は自動で取り込まれます。マナーモードにすれば内部音声をオフにできます。また、録画を始める前に録画ボタンを長押しすると、iPhoneのマイクがオンになり外部音

スクリーンレコード

録画ボタンの追加

設定→コントロールセンター

「コントロールを
カスタマイズ」を
選択

「画面収録」を
選択

コントロールセンター
に録画ボタンが追加
されたことを確認

声が取り込まれるようになります。

画面の向きを縦向きにロック

ちなみにスクリーンショット・スクリーンレコードする際には、画面の向きをロックしておくと、誤って画面の向きが変わってしまうといった状況を避けることができます。設定は、「コントロールセンター」の「画面の向きロック」アイコンをタップして、画面を縦向きにロックします。

百聞は一見にしかずとはよく言ったものです。テキストや音声情報にこだわらず、状況に応じてスクリーンショット・スクリーンレコードを活用し、よりスムーズな意思疎通が行えるよう工夫してみてください。

53 あっという間に 見たいメールが見つかる! キーワード検索のコツ

パソコン・スマホに限らず、過去にやりとりしたメールの中から、特定のメールをすみやかに取り出したい場合があると思います。しかし、長年蓄積された膨大なメールの中から、目視とスクロールで該当のものを見つけ出すのは、なかなか至難の業です。

そんなとき **Gmail アプリの検索機能**をうまく使いこなせば、過去の履歴の中から、目的のメールをサクッと見つけ出すことができます。

基本的にはスマホとパソコン共通で使えるワザです。次ページに、**演算子**を使った代表的な検索方法をご紹介したいと思います。

これらはスマホのユーザー辞書に登録しておくと覚える手間が省けて便利です。また、演算子検索だけでなく、通常の Google 検索のようにキーワード検索を行うと、本文内のキーワードから該当のメールを検索することもできます。

検索技術を磨くことで、フォルダ整理や転記の手間が省け、メーラー内でエビデンスを一元的に管理することで、劇的にコミュニケーションやタスク管理の生産性が高まるはずです。

演算子を使ってメール検索

演算子検索またはキーワード検索で該当のメールを検索することが可能

演算子検索

以下の演算子と単語を検索ボックスに入力して Enter を押す

「from:(送信者)」	送信者を指定 （例 from: クロネコ太郎）
「to:(受信者)」	受信者を指定 （例 to: カナリア一郎）
「subject:(単語)」	件名に含まれる単語を指定 （例 subject: 働き方）
「has:attachment」	ファイルが添付されたメールを検索

キーワード検索（A、Bはキーワード）

以下の組み合わせを検索ボックスに入力して Enter を押す

「A B」	AとBの両方を含むメールが表示
「A NOT B」	Aを含むが、Bは含まないメールが表示 ※ NOT は大文字
「A OR B」	A、B、または両方を含むメールが表示 ※ OR は大文字
「"A B"」	AとBまったく同じ語句を含むメールが表示

54 みんな時短に！ 身近な人とは、メールより「SMS」で

　皆さんは、周囲の人とどんなツールで連絡を取り合っていますか？

　私は普段スマホを使ってコミュニケーションする際にはGmailを使っていますが、家族や会社の幹部などごく身近な人とちょっとしたコミュニケーションをする場合は**SMS**(Short Message Service)を使うようにしています。

　というのも、メーラーやMessenger等では、どうしてもその他大勢のメッセージの中に埋もれてしまう可能性があるためです。

　SMSを使ってコミュニケーションする内容は、**身近な人とのちょっとしたアポ調整**だったり、**メール内容の意味の確認、待ち合わせ場所で現在地の写真や地図**などです（詳細は180ページ）。

　人によっては、メールやMessengerの他、LINEやチャットツールなど多くのコミュニケーションツールを使い分けている（と思っている）人もいますが、そういう人にかぎってメッセージのレスが遅かったりします。おそらく本人も、どのツールのメッセージをどう優先づけていいのか、混乱してしまっているのでしょう。

SMSとメールの使い分け

SMSとメールの違いをよく把握し、ビジネスシーンで上手に使いこなそう

	SMS	メール
誰 と ?	身近な人と ・家族 ・会社の幹部	社内外問わず、誰とでも
内 容	・アポ調整 ・メールの内容の口頭確認 ・（待ち合わせなどで）写真や地図の確認	・タスク依頼 ・記録を残す必要があるシチュエーション ・ファイルを添付
メリット	・メッセージを見つけやすい ・短文のやりとりに向いている	・履歴を残せる ・長文などに適している

ただでさえ情報過多の時代なので、コミュニケーションツールをうまく使い分けないと、たちまち情報の洪水に溺れてしまいます。

ちなみに私はごく身近な人であっても、何らかの記録を残す必要がある場合はやはりメールを使います。というのもメーラーで申請・承認履歴や、公私すべてのタスクを管理しているので、こちらに集約することで、それらを後から検索しやすくなります。

一般常識やメーカーの意図にとらわれず、自分なりの使い方を工夫してみることも、本書でお伝えしたい大切なことです。

55 電話以上に速くて役立つ「メッセージ」アプリ

　私は普段誰かに電話をかけることは滅多にないのと、逆に電話に出ることもありません。

　使うとしてもメッセージアプリで「○時にお電話差し上げてよろしいでしょうか？」といった感じで**先にアポを取るようにしています。**

　相手や自分の時間、集中力が失われてしまうのを避けるためです。

　前述もしましたが、私が普段誰かと簡単なコミュニケーションをしたい場合には、SMSやFacebookのMessenger等のメッセージアプリを使うようにしています。

　私が使うアプリとそれぞれの使い分け方は以下の通りです。

SMS：身内や役員などごく身近な人との急ぎのミニコミュニケーション向け

Messengerや Skype：社内外の人とのチャットや音声・動画相談向け

その他：LINEやその他のコミュニケーションツールはほぼ使いません

メッセージアプリの使い分け例

連絡手段は、ショートメッセージと Messenger をメインにすると、仕事が速くなる。
以下の使い分けを覚えて、実践してみよう

	誰と？	内容
SMS	身近な人 ・身内 ・会社の役員	急ぎで確認したいことなど
Messenger や Skype	・社内外の人	・音声や動画による相談など ・アポを取る
その他 （LINE など）	（一般的な使用例） ・友人などプライベートな知り合い	（一般的な使用例） ・世間話や、約束ごとなど

多くのアプリを使わないことも、神速仕事術のコツ。

　ちなみに私はこれらのメッセージアプリは、連絡履歴がロック画面等に表示されて**他の人の目に触れないよう、Appアイコンにバッジ表示する形式にしています。**

　設定方法は以下の通りです。

設定→通知→（すべてのメッセージアプリで以下を実施）→「通知を許可」をオン→「Appアイコンにバッジを表示」をオン→（それ以外の項目）はすべてオフ

　逆にメッセージアプリ以外については、バッジ表示させる意味があまりないので、私は通知をすべてオフにしています。

56 「電話のほうが10倍速い!」シーンの見極め

　私は基本的に電話を使いませんが、急な用事や複雑な内容を話す場合は別です。

　ときどき、1つの案件でメールを何往復もさせている人を見かけます。

　これは時間のムダ遣い。

　電話を一回かけて正確な意思疎通をはかるほうが、よっぽど短時間で目的を完遂させることができます。

　やりとりを記録に残す必要があれば、重要事項だけメモをしておき、後からメールやメッセージアプリ等でデジタル化・共有すればいいのです。

　私が思う、電話を使ったほうが良さそうな重要案件を以下に列記します。

・複数の視点で意見が分かれそうな議論
・具体化の過程で細やかな確認が必要な場合
・文章だとニュアンスが伝わりづらい（感情・感覚的な内容）

　具体的には、人の評価や、トラブルの対応、製品の詳細な仕様、デザインイメージなど意匠的なことを話す

電話を使うべきシチュエーション例

	シチュエーション例
意見が複数に分かれる	・人の評価 ・トラブル対応
細やかな確認	・製品の詳細な仕様 ・サンプルテキスト
ニュアンスを文字にしづらい	・デザインイメージなどの意匠的なこと

記録する必要がある場合、重要事項だけでもメモしておく。
あとからメールなどで共有すればＯＫ

シチュエーションが考えられます。

ちなみに私は手が離せないときなどにかぎり、スマホのハンズフリー機能を使って音声通話でやりとりをします。

また、外出先で重要事項を電話で話す必要が生じた場合、人の多い場所やお店の中は他人の迷惑になるので、あえてタクシーに乗り込み移動しながら通話する場合もあります。

要はコミュニケーションの最大の目的である意思疎通をいかに最短距離で達成できるかが大切です。

電話や面会、コミュニケーションツールなど、状況に応じて適切な手段を選択できるようになりましょう。

57 神速で仕事をするなら、連絡先は10件以内

　私は普段スマホの電話は「使わない」「とらない」ということもあり、連絡先にはごく一部の仕事仲間か親類しか登録していません。彼らとは通常SMSで連絡を取り合い、緊急時は躊躇せず電話するようにしています。向こうからの着信もとりますし、折り返しもします。

　それ以外では、前述のとおり、電話の代わりに普段メールやMessenger、SMSアプリを使って連絡をとっています。こみいった話がある場合は、MessengerやSkypeに付属する音声通話機能を使ってコミュニケーションするようにしています。

　そんな私のiPhoneには、それほど多くの連絡先は入っていませんが、効率の良い登録の仕方や管理方法をお伝えします。

　通常は**連絡先アプリを開いて連絡先ボタンから右上の＋ボタンを押して新規登録する**ほうが現実的な方法であると言えるでしょう。

　新規登録する際も、すべての情報を埋める必要はありません。基本的には氏名と電話番号くらいで十分。どうしてもという場合のみメールアドレスを登録してもいいでしょう。いたずらに入力頻度を増やしたり、管理対象を増やさないようにするためにも、他のコミュニケーショ

ンアプリでその情報を補えるのであれば、無理して連絡先機能を使ったり、すべての項目を埋める必要はないかと思います。

　利用用途や相手によって、連絡先で管理すべきか、SNSアプリ等で管理すべきかをうまく切り分けられるようになると、ムダのない連絡先情報の管理が可能になるでしょう。

欲しい情報を素早く適切に得る技術

仕事で必要な情報は、ネットで調べる人がほとんどではないでしょうか。自己流の検索だと、情報収集するのに時間がかかることも。そこで、本章では、最短で「知りたい情報」にたどり着くための技術を紹介します。Web検索はもちろん、スマホならではの、SpotlightとSiriを使った検索も押さえておきたい手段です。

7 章

58 上質な情報を神速で探し出す「キーワード検索」のコツ

現在、世界中で多くの人が毎日Google社の検索エンジンを使って情報を調べており、それはパソコンだけでなくスマホも例外ではありません。

ただ、やみくもにキーワードを入れて検索しても、精度の低い検索結果ばかりが表示されるだけです。

有用な情報を効率的に導き出すには、検索キーワードの工夫が必須です。

たとえば、【A（スペース）OR（スペース）B】の場合、【岡田充弘　OR　クロネコキューブ】で検索すると、一番上には、私の会社、クロネコキューブ株式会社の情報が表示されます（本書執筆現在）。

そのキーワードの設定方法について、代表的なものを次ページにご紹介します。

これらはスマホを使った仕事効率化の基本のワザになりますので、日頃からコツコツ練習しておくことをオススメします。おそらく一生ものの宝になるはずです。

キーワード検索（A、Bはキーワード）

以下の組み合わせを検索ボックスに入力して Enter を押します

A（スペース）B	A・B両方のキーワードが含まれている情報を検索します。最も基本的なワザで、特定の条件に沿った情報を導き出すのに使われます。
A（スペース）OR（スペース）B	A・Bいずれかのキーワードが含まれる情報を検索します。幅広い対象を調べるときに便利なワザです。
A（スペース）ー B	Bのキーワードが含まれる情報を除外してAの検索結果を表示します。Aが幅広い意味を持つときにこのワザを使うと、検索精度が高まります。
"A"	「"」で囲むことで、Aのキーワードが完全一致で含まれる検索結果を表示します。固有名詞のような特定のキーワードの内容を調べたいときに便利です。
A ＊	単語にアスタリスクをつけることで、不明瞭な語句を含めた検索結果を表示します。一部の語句が思い出せないときなどに便利に使えるワザです。
A とは	単語の意味を最短で知りたいときに役立ちます。言葉の解説が検索結果に表示されます。

7章

欲しい情報を素早く適切に得る技術

59 情報収集の要。Webページを一気に移動するワザ

　出先などで情報をすみやかに得るには、スマホでのブラウザ利用は避けて通れません。しかし、検索の方法は知っていても、ブラウザそのものの扱い方を知っている人はそう多くなかったりします。実はパソコンだけでなく、スマホのブラウザにもいろいろと便利なワザがあるのです。そこで、私が毎日のように使っている超便利ワザを紹介したいと思います。

一気に数ページ前に戻る/前に進む
　ブラウザで、さっき見ていた数ページ前に戻りたいとき、ブラウザの「＜」マークを何度もタップしていたりしませんか？　ページ数が多いと戻るのが大変ですよね。そんなときに使える便利なワザをご紹介します。

・Safari
　画面下部にある「＜（戻る）」を長押しすると、ページ履歴が一覧表示され、そこから選択することで、一気に目的のページまで戻ることができます。

・Chrome
　画面下部の「＜（戻る）」を長押しすると、ポップアッ

> ページを一気に移動

Safariの履歴表示

Chromeの履歴表示

プでページ履歴が開くので、同様に選択すると目的のページまで一気に戻ることができます。

　両ブラウザいずれも「＜（戻る）」の代わりに「＞（進む）」を長押しすると、目的のページまで一気に前に進めることができます。

60 タブをいっぺんに閉じて、常に頭をクリアに

　必要のないタブが開いていると混乱のもとです。紹介するワザで常に頭もブラウザもクリアにしておきましょう。

表示されているタブを一括で閉じる

　Safariで開いているタブを一括で閉じるには、右下にあるタブマークを長押しし、表示される選択肢のうち**「すべての○個のタブを閉じる」**を選択すると、開いているタブが一括で閉じられます。

　Chromeは右下の数字をタップし、左下の「すべて閉じる」を選ぶと、タブが一気に閉じます。また、**アドレスバー右の数字が表示されたボックスをタッチ**すると、切り替え画面に変わって現在開いているタブがすべて表示されるので、それらを1つひとつ「×」マークを押すことでも、すみやかに閉じることができます。

　タブを間違って閉じてしまったときに備えて、タブを簡単に再表示させる方法を以下にご紹介します。

閉じたタブを再表示させる

　Safariでの方法は次の通りです。

　タブマークをタップしてタブの切り替え画面を表示さ

タブを一括で閉じる&タブを再表示

タブを一括で閉じる

Safari 右下のタブマーク長押し
→「すべての○個のタブを閉じる」

Chrome

閉じたタブを開く

Safari タブマークをタップしてタブの切り替え画面を表示

Chrome 「…」マークをタップし、「最近使ったタブ」を選択

せ、新規作成の「＋」マークを長押しすると、「**最近閉じたタブ**」が表示されるので、その中から該当のものを選択します。

　Chromeでタブを再表示させるには、ブラウザ右下のメニューから**最近使ったタブ→最近閉じたタブ**を選択します。

61 パソコンの調べものも、スキマ時間にスマホでチェック

　パソコンで調べものをしているときにかぎって、急な外出が入ったりします。そんなときには、パソコンで開いていたタブを、スマホでも表示させるワザが便利です。

パソコンで開いているタブをスマホでも開く

　Chromeのみの機能で、パソコンとスマホで同じGoogleアカウントを利用していることが前提です。スマホのChromeメニューから「**最近使ったタブ**」を選択すると、「**最近閉じたタブ**」の下に利用している**パソコンのコンピューター名**が表示され、その下に現在Choromeで開いているタブが表示されます。

ページ内のワードを検索する

　さらに検索結果のページ内を詳しく調べる際、ワード検索が有効です。Safariの場合は検索ボックスに探したいキーワードを入力すると「**このページ（○件一致）**」と表示され、その下の「"（キーワード）"を検索」をクリックすると、ページ内の該当キーワードがハイライト表示されます。Chromeの場合は右上のメニューボタンから「**ページ内を検索…**」を選択して出現する検索ボックスにキーワード入力します。

スマホでも開く＆ワード検索

パソコンで開いているタブをスマホでも開く（Chrome のみ）

同期しているパソコンのChromeで開いているタブと同じものが表示されるので、目的のページを選択する

ページ内のワード検索をする

Safari

キーワードを入力する

検索されたワードがページにあれば、蛍光オレンジでチェックが入る

Chrome

「ページ内を検索…」を選択する

1/2は2件あるうちの1件目がフォーカス（オレンジ色）されていることを表す

7章 欲しい情報を素早く適切に得る技術

62 ときに「信頼」にも関わる!「履歴」の取り扱い

　会社から一時的にスマホを貸りる場合など、ビジネスシーンでは端末に履歴を残せない状況も出てくるでしょう。以下の方法を使えばタブ表示や検索の履歴がブラウザに残らなくなります。

タブ表示や検索の履歴を残さない

　Safariの場合は、タブの切り替え画面で**「プライベート」を選択してから「+」ボタンで新規タブを作成する**と履歴が残らなくなります。

　Chromeの場合は、メニューから**「新しいシークレットタブ」**を選択すると、シークレットモードで新規タブが作成され、履歴が残らなくなります。

　以上、情報収集の要、ブラウザのテクニックを紹介してきました。

　ブラウザを制することができれば、情報検索のストレスを大幅に減らすことができるので、ぜひマスターしてみてください。

履歴を残さない

Safari

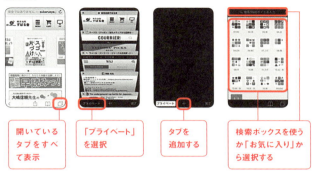

Chrome

7章 欲しい情報を素早く適切に得る技術

63 真実に近い情報ほど、スマホでリアルタイムに得る

　最近では情報収集はパソコンではなく、スマホですることがほとんどです。

　その理由として、スマホの性能がかつてと比べものにならないほど上がってきているのと、スマホが公私にとってより身近な存在になってきていることが挙げられます。

　また、情報収集する際は以前と比べてSNSから得る機会が増えてきています。

　ニュースメディアのような加工された二次情報だけでなく、FacebookやTwitterなどSNSを利用することで世論や第三者評価のような、より生の声を知ることができるからです。

　ニュースメディアは読み手にとって面白く読みやすくなるよう加工されています。

　一方SNSや口コミの情報は、より人間の感情や本音を表しており、多少読みにくくとも、ある意味真実に近い情報だと言えるでしょう。

　情報は真実に近ければ近いほど、正しい打ち手へとつなげやすくなります。

　災害情報やスポーツ結果の速報など、今何が起こっ

> **SNSの使い方**

神速で仕事をする人は、どんなSNSをチェックしているか?

・情報感度の高い方の投稿

・学びや気づきの多い方の投稿

そっか、大阪駅前ビルにこんなノスタルジックなお店あるのね、行きたい…

やっぱそうよね、リラックスした状態からしか、良いアイデアって生まれてこないよね…

ているのか、何が話題になっているかは、SNSがニュースメディアよりも早く拡散される時代に突入しました。

スマホは人間にとって最も身近なデバイスであるため、それらの情報を最も早くキャッチし、また自らも拡散する立場に置かれるのです。

ニュースメディアがトレンドを作る時代は終焉に向かっています。これからは起きた事象に対して、世論や第三者評価がどちらに動くかでニュースメディアの論調が定まる時代へと向かっていくのではないでしょうか。

64 「Spotlight」で、為替も単位も一発変換

　Spotlightは、iPhone標準の検索機能です。**ホーム画面の中央部で上から下、または左から右にスワイプすることで登場するボックスにキーワードを入力**して使います。SafariやChromeなどの各種ブラウザやSMS、標準カレンダー、メモ帳等など、幅広い対象から検索結果が瞬時に表示される機能です。ちなみに検索結果はインストールされているアプリやアプリ内データも対象となります。

　何か思いついたときに、さっと操作して手軽に使えるので、このSpotlight検索は私も重宝しています。

　また、Spotlightは、検索以外にも便利な活用方法があります（次ページ）。たとえば、常時変動する為替レートも「1ドル」と入力すれば、「1.00米ドル＝108円」と、現在のレートをすばやく表示してくれます。もちろん他の通貨単位へも変換できます。他にも、天気を調べたり、周辺情報を検索したりとさまざまです。

　このようにSpotlightを使えば、欲しい情報に最短距離で到達できるようになるので、ぜひ日常の中で使いこなしてみてください。

Spotlight検索

為替や単位の変換

例 米ドルから日本円へ

例 1メートルは何ヤード？

例 100分は1時間40分

例 「時間」から「分」へ変換

例 1年は、365日と6時間

ちょっとした調べもの

どこの天気でも確認できる

周辺地のコンビニやレストランなどの施設を検索

7章 欲しい情報を素早く適切に得る技術

161

65 あなたの仕事を加速する「Siri」の事前準備&使い方

急ぎで何かを調べたいけど、手が離せない状況があると思います。

そんなときは**Siriを使った音声検索**が大変便利なのでオススメです。Siriの初期設定や起動方法、Siriを使った便利な検索ワザをご紹介します。

Siriの初期設定

以下の方法で、Siriの各種機能をオンの状態にします。

設定→「Siriと検索」の順にタップ

音声テストを経たのち、以下がオンになっていることを確認します（オフならオンにする）。

「"Hey Siri"を聞き取る」

「ホームボタンを押してSiriを使用」

「ロック中にSiriを許可」

Siriの起動方法（ホームボタンを長押し/「Hey Siri」）

iPhoneのホームボタンを長押しすることで、Siriが起動し、音声での用件指示が可能になります。

また、iPhoneに向かって「Hey Siri」と呼びかけることで、Siriを起動させることができます。指操作から完

Siriの初期設定

Siriの初期設定

設定 → Siri と検索

各機能がオンになっているかを確認する

設定画面をスクロールすると「Siriと検索」が表示

オンにする機能
"Hey Siri"を聞き取る
ホームボタンを押してSiriを使用
ロック中にSiriを許可
黄緑が見えなければ、スライドさせてオンにする

全に解放されるので、手が離せない場合に効果を発揮します。

　Siriの設定が終われば、交通機関の経路検索や、近隣のお店探しが驚くほど便利になります。
　他にも、単位変換や為替情報、「日本の人口は？」「東京タワーの高さは？」なども調べることができます。また、検索以外にも、「142×145」やワリカンの計算、「Wi-Fiをオンにして」「○○とメモ」など機能操作も可能です。

66 コンマ1秒でも早く知りたいコトもSiriで！

　Siriを使えば、電話帳の相手に連絡したり、アプリを起動させるのもカンタンです。

連絡先を検索して電話やメッセージを送る
　フリガナ登録されている連絡先があれば、「○○さんの携帯に電話」や「△△さんにすぐ行きますとメッセージ」と言うと、電話をかけたりメッセージを送ることができます。

　さらにiPhoneの連絡先に、**自分との関係性を設定しておく**と、「お母さんに電話」「お父さんにメール」といった具合にSiriに頼んで連絡できるようになります。設定方法は次ページの通りです。

　また、連絡先アプリを使わず事前登録したい場合はSiriを起動して「母に電話」と話しかけると、「お母さんのお名前はなんですか？」と聞かれるので、名前を答えて「はい」を押すと、その名前が母親として登録されます。
　同様に、「自宅」や「勤務先」に電話番号を登録しておけば、「家に電話」や「会社に電話」と言うだけで電話をかけてくれるので、よく使いそうなものは登録しておくと大変便利でしょう。

連絡先の関係性を設定

連絡先から関係性を設定

アプリを検索（起動）

スクロールでアプリを探すのが面倒な場合は、Siriで起動させるのも1つの手です。

「LINEを起動」や「Instagramを開いて」などとお願いすれば、手軽に目的のアプリを直接起動させることができます。私の場合はメモアプリやGmail、To Doツールの起動に頻繁に使います。

アイデア1つでまだまだ便利なSiriの使い方があるはずです。ぜひあなたのオリジナルを探してみてください。

67 集中力が格段にアップする「広告ブロック」

　急ぎの仕事でネット検索をしようとしたときにかぎって、ポップアップ広告やバナー広告が邪魔になり、なかなか目的の情報に到達できない、といった経験はないでしょうか？　広告が多いと誤認識が生まれたり、集中力が欠如する原因となります。

　そこで、iPhoneのSafariで不要な広告を表示させないようにする、いくつかの対処方法を紹介します。

ポップアップ広告をブロックする

　Webページを開いたときに、小さいウィンドウで自動的に表示される広告を「**ポップアップ広告**」と言います。このポップアップ広告をブロックするには以下の手順を実施します（次ページ図）。

設定→ Safari →「ポップアップブロック」をオン

バナー広告・ディスプレイ広告

　ちなみにスマホ画面をスクロールさせたときに追尾してくる「追尾型バナー広告」や記事中に表示される「ディスプレイ広告」は、JavaScriptをオフにするとブロックできます。

　しかし、多くのWebサイトのコンテンツ表示で

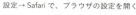

ポップアップ広告をブロック

設定→Safari で、ブラウザの設定を開く

JavaScriptが使われています。オフにするとそれらも非表示になってしまうため、ここでは推奨しません。しかしながら、WebサイトによってはSafariのアドレスバーの左に横線のアイコンが表示される場合があります。

このアイコンをタップすれば、JavaScripがオンのままでも広告を非表示にすることができます。

ネット検索は貴重な情報源ではありますが、頻繁に表示される広告に、大切な集中力を奪われないよう、小さな工夫を積み重ねていきましょう。

68 成果につながる、ブラウザ「ブックマーク」の使い方

　私は自分が作成した資料はパソコン内のフォルダやGoogleドライブ上で管理しています。ネット検索で見つけた情報は、エクセルファイルやメモ帳に転記するのは手間がかかるので、そのまま**ブラウザのお気に入りやブックマークに保存**するようにしています。

　さらにパソコンとスマホのブックマークをGoogleアカウントを介して同期させておけば、管理の二度手間も省け、いつでもどこでも同じ知のライブラリー環境を得ることができます。

　知のライブラリー環境は、パソコンのフォルダ管理するのと同様に、ブックマーク情報が構造化されて、目的に応じて利用しやすくなっている状況が理想です。

　私は、最低この6つのカテゴリを登録しています。

ニュース：各業界のWebメディアなど

道具：乗換案内サービスや大容量ファイル転送サービスなど

仕事：市場調査サイトやノウハウサイトなど

買物：ジャンルごとの買物サイト

旅・出張：宿泊・交通関連の予約サイト

検討中：調査・検討中のサイト

ブラウザのブックマーク

ブックマークの使い方の例

（ブックマークの内容）
01. ニュース
02. 道具（大容量ファイル送信等）
03. 個人アカウント（SNSなど）
04. 会社アカウント（Facebookなど）
05. カナリア社関連
06. クロネコ社関連
07. 所属コミュニティ
08. 採用メディア
　　　　　　⋮

　これらの情報をスマホからいつでもどこでも取り出せる状況にしておくことで、スキマ時間でニュースチェックや業務処理、各種調査などの仕事を進めることができるようになります。

　ちなみに私は**iCloudを使ってSafariのお気に入りとChromeのブックマークを同期**させています。これにより画面を下に向かってスワイプしてSpotlight検索（Safari）をした後に、その検索結果をすみやかにChromeブックマークに反映させることができるようになるのです。

　ブックマークの整理をこまめにしていると、気づいたときには相当心強い情報環境が整っているはずです。

69 成果に直結!「健康管理」はスマホにお任せ

　ビジネスパーソンにとって、日々の健康管理は仕事の1つとも言えるでしょう。欧米企業でも、自分の身体の管理ができない人に仕事や人の管理はできない、といった考え方が浸透しています。

　実際何を食べたか、どんな運動をしたか、休息を適切にとれているか、といったことは**仕事のパフォーマンスにも直接的・間接的につながってくる**はずです。

　iPhone標準の「ヘルスケア」アプリでは、毎日の歩数や歩行・走行距離などのアクティビティの他、健康的な食事や睡眠時間など、健康管理に必要なさまざまなデータを簡単に計測してくれます。

　私はトライアスロンをするので、普段は標準のヘルスケアアプリではなく専用の腕時計とともに**Garmin Connect**というアプリを利用しています。これは標準アプリにはないようなスイム距離や体重管理、睡眠の深度まで計測してくれるので、アスリートとしてのトレーニング履歴の管理だけでなく、健康的に過ごせるよう生活面全般の見直しにも役立っています。

自分の健康状態を記録・管理する

体調はGarmin Connectで管理する

　また、私は毎日体重計に乗ってアプリに記録しており、生活習慣の乱れで急激に体重が増えないようこまめにチェックするようにしています。その他腕時計から計測されたデータに基づき心拍数やストレスレベルまでアプリに表示されるので、ちょっとした検診顔負けのメニューはひと通りスマホ内で完結できてしまいます。

　私も若手社員時代は自己管理が至らず体調面が荒れた時期もあったのですが、責任ある立場になるにつれて、身体を中心とする自己管理の重要性が高まっていきました。今は睡眠時間も適切にとっており、体調を大きく崩すことはほぼありません。

100のプロジェクトを同時に回し、結果を出す「神速行動」

スマホの登場によってもたらされた最大の功績は、いつでもどこでも情報を扱えるようになったことではないでしょうか。スマホは人に圧倒的自由を与えたのです。与えられた時間は、何らかの目的をもった行動に振り分けるべきだと私は思います。行動すればするほど、運を手繰り寄せ、行ってみて、会ってみて、やってみることで、自然と好循環が広がり、結果につながっていくからです。本章では、実際にスマホを使ってどう行動していくかを紹介していきます。

8 章

70 スケジュールアプリで「アポ5分前」に顧客メモをチェック

　人と会うことは新たな価値を生み出していく上で大切なことではありますが、何の準備も目的もなく思いつきで会うのとそうでないのとでは、その化学反応に大きな差が生まれます。

　たとえば**相手の事前理解や前提知識を頭に入れておけば、そのぶん会話は盛り上がりやすくなりますし、一段進んだ深い話もしやすい**ことでしょう。

　事前理解といってもそれほど時間をかける必要はなく、アポ前日や移動途中のスキマ時間にスマホで会う人や訪問先企業の情報に目を通しておくだけでOKです。たったそれだけのことでも、コミュニケーションのしやすさはずいぶんと変わってきます。

　事前にチェックしておくべき情報は、**企業であればホームページや関連記事、個人であればFacebookなどSNSやブログ等**がオススメです。旬なネタや株価などの情報も得ておくことで、いざというときに話題を広げたり、相手の言動の背景を理解するのを助けてくれるはずです。

　私は、訪問前にスマホで収集した顧客の情報は、いざというときすぐに確認できるよう、予定のメモ欄にコピ

訪問前に顧客の情報を素早くチェックする

訪問前にチェックする内容（Lifebear）

ぺしています。

　ちょっとしたことではありますが、これから会う人や企業のことに関心を寄せることで、今まで以上により良い関係を築きやすくなることでしょう。

71 最速「経路検索」で"今から行きます"と即行動!

　私は移動途中にMessengerでやりとりをしていて「では、今からそちらに伺います」といったシチュエーションが頻繁にあります。

　そんなとき、目的地までの交通手段や道のりを瞬時に検索することで、すぐさま行動に移し、人よりも多くのチャンスを得られてきたように思います。

　逆にそういった次の行動につながる検索技術を身につけていなければ、なんとなく尻込みしてしまい、行動しないという選択をしていたかもしれません。

　人は意思決定につながる情報をすみやかに得られることで、行動や思考のテンポも速まり、全体として行動の回転数が上がっていきます。逆に言うと、行動力を上げるには、ちょっとした技術や習慣によって、行動の障壁となるものを取り除くのが一番です。

　私が移動時の検索に使っているアプリは「Yahoo!乗換案内」と「Google Maps」です。

　いろいろ試してきましたが、交通手段を調べるのは「Yahoo!乗換案内」が最も見やすく使いやすいように感じます。普段から重宝し、人とのシェアも簡単です（詳しくは、32ページ）。

> 経路検索

Google Mapsが一番便利

ナビゲーション機能では、位置情報をオンにして、現在地を表示
設定→プライバシー→位置情報サービス→Google Mapsで設定

目的地の住所を入力すると、経路の候補が表示される

経路を選ぶと、乗換情報などの詳しい内容が表示される

目的地は赤いピンで、現在地は白枠の青丸が点滅する

　「Google Maps」はパソコンで操作や機能に慣れているため、スマホへ経路を送ったりと、iPhone標準の地図アプリよりも使っています。なかでも経路検索の機能は、現在地から目的地に向けて、スマホを片手に自分の位置を確かめながら移動できるので大変便利です。

　人と会って価値を生み出すという行為はタイミングがすべて。会えるときがまさにそのときなのです。行動技術を磨いて、身近なチャンスを逃さないようにしましょう。

72 焦っているときほどスマートに！超速でタクシーを呼ぶ方法

　駅から訪問先まで他の交通手段がない場合や、不慮のトラブルで約束の時間に遅れそうな状況などに、タクシーを利用することがあると思います。タクシー乗り場は混んでいる可能性もあるので、確実につかまえたいときには、タクシー会社に連絡するのが一般的ではないでしょうか。人がタクシーを利用するのは、少し急ぎの状況に置かれている場合が少なくありません。そんなときでも、慌てずスマートにタクシーを呼びたいですよね。そこでビジネスシーンで**スマートにタクシーを呼ぶ**ための方法をご紹介します。

Spotlight検索、Siriを使う

　最も身近な方法がSpotlight検索とSiriの音声検索でタクシー会社を探す方法です。「近くのタクシー会社」で探すと、候補がいくつか出てきます。「マップ」アプリの候補に出てきた電話マークを押すとそのまま配車の受付につながります。

タクシーアプリを使う

　私はあまりアプリに頼らない派ですが、あえて使うとしたらタクシー配車アプリの「Japan Taxi」をオススメ

タクシーを呼ぶ

します。事前に料金検索ができるのと、日時指定で配車予約が可能な上に、他のタクシーアプリと比べて対応エリアが広いので、全国をあちこち飛び回る機会が多い人には大変便利です。支払いは、降車時に現金やクレジット払いができる他、スマホ上で配車依頼時に決済し、キャッシュレスで乗車することも可能です。

　タクシー利用する頻度やエリアに応じてうまく使い分けることで、フットワークはさらに軽くなり、行動範囲は飛躍的に広まるはずです。

73 誰とでもカンタンに「現在地」を送り合って、即ミーティング

　出先で急に人と合流しなければいけない状況が発生することがありませんか？　そんなとき、SMSやMessengerで「○○ビル1Fの△△というカフェにいます」と現在地を伝えることができます。しかし、相手がその場所を知らないと、かえってやりとりが複雑になってしまう——。そんなとき、正確な現在地情報をすみやかに相手に伝えることができれば、より**スマートな現地合流**が可能になるはずです。

　以下にスマホの**SMS**と**Messenger**を使った現在地情報の伝え方をご紹介します。

SMSで現在地を送る　※iPhone

　相手の電話番号が連絡先登録されている場合は、この方法を使って現在地を伝えるのが最も手軽です。操作方法は次ページの通りです。

Messengerで現在地を送る

　相手の電話番号が連絡先に登録されていない場合で、Facebookアカウントを持っている場合はこの方法が最も手軽に現在地を送ることができ、私も重用しています。操作方法は次ページの通りです。

現在地を知らせる

SMS（MMS）

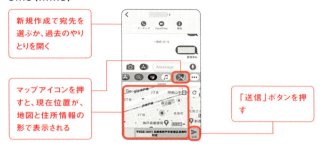

- 新規作成で宛先を選ぶか、過去のやりとりを開く
- マップアイコンを押すと、現在位置が、地図と住所情報の形で表示される
- 「送信」ボタンを押す

Messenger（Facebook）

- 新規作成で宛先を選ぶか、過去のやりとりを開く
- ボタンを押すとアプリアイコンが展開され、「位置情報」を選択
- 検索した位置情報、または現在の位置情報を宛先に共有

ちなみにSMSやMessengerの他、**SkypeやLINEでも同様の機能がある**ので、必要に応じて使ってみるのもいいかもしれません。

実際の利用時には、現在地情報だけでなく、待ち合わせ場所の情報を送ることで、現地合流がさらにスムーズになることでしょう。旅先などで、仲間やチームと分かれてそれぞれの予定をこなした後、再び集合したい場合などにも大変便利です。

74 メモアプリの議事録作り&共有で、一気に効率アップ！

　爆速で人と会って価値を生むには、普段からフットワークが軽く、できるだけ多くの時間を顧客やパートナーと会うのに費やせるのが理想です。

　顧客やパートナーと打ち合わせする際、パソコン上で議事録をとったり資料を画面で見せられたりすればいいのですが、机やスペースがないなど物理的な理由でそれがかなわない場合もあるでしょう。そんなときのために、スマホを使って会議を効率・効果的に進めるためのワザを紹介しておきたいと思います。

メモアプリで議事録を作成する

　私は普段、相手の了承をとった上で、スマホで議事録をとるようにしています。そのほうが次のアクションにつなげやすいからです。その際私はiPhone標準のメモアプリを使っているのですが、入力は通常のテキスト入力に加えて、音声入力も活用するといいでしょう。なお音声入力では、途中で「改行」と言えば、改行することもできます。

　そしてメモアプリ最大の特徴は、利用目的に応じてアカウントを切り替えることができるところです。

メモアプリの議事録

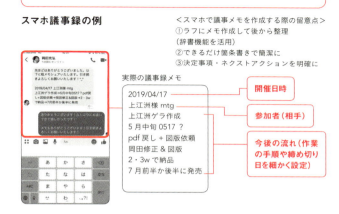

スマホ議事録の例

たとえば、私は通常Googleアカウントを使ってメモを作成するのですが、その内容はGmail上に自動生成されるラベル「Notes」に同期されるようになっています。

ラベルとは、一般のメーラーでいうところの、「受信BOX」を振り分ける機能です。パソコン上でGmailを開けば、メモ内容を他の作業に利用することができて大変便利です。

iCloudアカウントでメモ作成する場合は、罫線や画像を挿入したり、iPadなど別端末間で同期できることに加えて、他の人とも共有することができます。共有メモは、内容を変えると他の人のメモにも反映されるので、グループ間の情報共有がしやすくなります。次ページで、操作方法と全体像を紹介しています。

会議にスマホを超活用

メモアプリで議事録作成と送信・共有

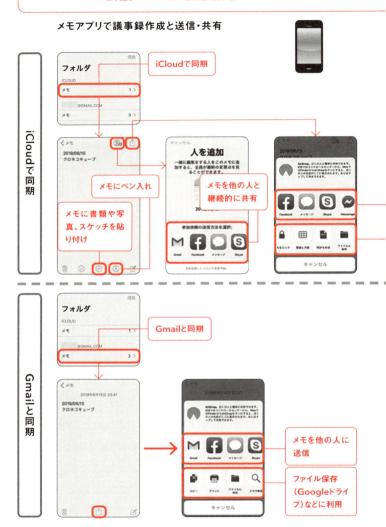

メモアプリの内容をパソコンで確認

https://www.icloud.com/
※2ファクタ認証を有効にしている場合はコード入力

- iCloudで同期したメモはパソコン上で確認できる
- メモを他の人に送信
- PDF作成・ファイル保存（Googleドライブ）などに利用
- iCloudで同期したメモはパソコン上で確認できる

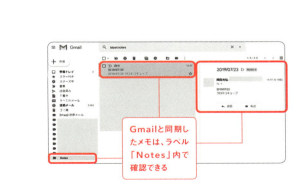

Gmailと同期したメモは、ラベル「Notes」内で確認できる

185

75 会議の質を格段にアップする 4つのテクニック

どんな状況でも便利に使えるスマホで、次のようなテクニックでより会議を活性化できるはずです。

会議中に出たキーワードをその場で即ネット検索

Spotlight検索を使って、会議や打ち合わせ中に話題にのぼったキーワードを即その場で検索することで、相手の「そう、それそれ」を引き出し、会話の幅を広げることができます。その検索結果やURLは、後からまとめて送ってあげるとさらに喜ばれます。

Googleドライブにある資料を積極的に利用

話題に応じてGoogleドライブのアプリからすみやかに関連資料を取り出せるようにしておきましょう。商談や会議の内容が、より具体的に前進するはずです。

会議の最後には必ずネクストアクションを共有

会議の最後には、ネクストアクションを含めた議事録内容を双方確認し、その場ですみやかにメールやMessenger等で送っておくといいでしょう。その際、会議で利用したホワイトボードは、スマホで写メを撮って、エビデンスとして添付共有するとより効果的です。記録

会議でスマホをフル活用！

会議中のあるある	ツール	用途、メリットなど
キーワードが出てきたら	・Spotlightで検索 ・Siriで検索 （TOPをわきまえて）	・会話の幅が広がる ・会議後に共有しやすい
資料をすぐ出したい	・Googleドライブなどのストレージサービスから閲覧	・話し合いがより具体的に ・先に進みやすい
次回のアクションは？	・メールやMessengerなどですぐに共有	・動き出しが早まる ・ホワイトボードの写メを共有すると便利
リモート会議	・Skype ・Messenger	・遠方の人とも会議ができる ・場所とタイミングを選ばずできる

内容に多少の粗さはあっても、共有タイミングを持ち越さないことで、動き出しが速まり、決定事項の実現性が高まるはずです。

スマホでリモート会議を開く

　物理的な事情でF2F（フェイス・トゥ・フェイス）の会議がかなわない場合には、SkypeやMessengerアプリ等を使ってリモート会議を開くのもいいでしょう。私もよく移動途中でビデオ通話や音声通話の機能を使って、遠方の人とスマホでどこでも会議を開いています。その際、AirPodsのようなワイヤレスイヤホンを使うと、顔とスマホ画面が離せて使い勝手が良くなるためオススメです。

　従来型の会議スタイルに慣れている人にとっては、スマホを使った会議や打ち合わせへと移行するのに、少し時間がかかるかもしれませんが、うまく取り入れてしまえば、多くのメリットを感じてもらえることでしょう。

76 神速で移動するためには スマートな「手配」も 欠かせない

　私は週1回のミーティングと掃除の日以外は、ほとんどオフィスにいません。外で人に会っているか、移動しながら新たな事業構想を練ったりしています。割合で言うと1/3が首都圏、1/3が関西、1/3がその他といったところでしょうか。講演で地方に行くこともありますし、現地視察やトライアスロンの大会出場のため海外に行くこともあります。「流れる水は腐らない」ということわざがあるように、自身の鮮度を保つためにも、私はとにかく動き続けることを心がけています。動くことで場所や人から多くの刺激を受けることができ、アイデアがよどみなく湧き続けてくるのです。

　そのようなスタンスであるため、**思い立ったときにすぐさま移動手段や宿泊先を手配できるかは、フットワークを軽くするためにも大変重要**になってきます。

　私は普段、スマホから次ページのネットサービスを使って移動手段・宿泊先の手配を行っています。

　これらのサービスは、スマホとパソコンで利用サービスを統一するため、専用アプリは使わず、Chromeブックマークに保存したWebページに直接飛んで利用するようにしています。ちなみに利用するクレジットカードの番号は、アカウント登録する際に予約サイト側で記憶さ

出張時などの手配に便利なサイト

移動や宿泊先の手配をする際、便利なサイト。よく使うサイトは Chrome のブックマークに保存しておくと便利

・移動手段

	サイト名	URL	ポイント
新幹線	「JR 東海ツアーズ」	https://www.jrtours.co.jp	新幹線の往復チケットと宿がセットになったプランがほとんどなので、購入しやすい
飛行機	「ピーチ」	https://www.flypeach.com/jp/	関西を中心に各国への便が多数。LCC のため低価格
バス	「高速バスドットコム」	http://www.kosokubus.com	行き先や出発日など、スマホからの検索性に優れている

・宿泊先

サイト名	URL	ポイント
楽天トラベル	https://travel.rakuten.co.jp	必要な機能がそろっていて使いやすい。多くの人が使っているため共有しやすい

れることが多いので、パスワードだけ頭で記憶しておくことになると思います。

サービス登録するとすぐさま確認メールが届くので、それらの内容をコピーしてGoogleカレンダーの予定の説明欄に貼り付けておくと、当日ペーパーレスで乗車・搭乗・チェックインできるのでオススメです。

ぜひ移動・宿泊の一連の手続きがスマートになるよう工夫してみてください。

77 情報発信の場は1つに絞って、人生も豊かに

FacebookやTwitterなどSNSの登場は、私たちの生活だけでなく、ビジネスシーンにとてつもなく大きな変化をもたらしました。

特にFacebookの出現によって、昔仲の良かった友人やかつての仕事仲間など、ありとあらゆる人との再会の機会が生まれました。また再会だけでなく、新たな出会いやコミュニティなど、未来に向けたさまざまなご縁が生まれています。

初期の頃と比べて**今のSNSの機能は大変充実し、多くの利用方法が生まれてきています**。自分がやっている仕事のPRや、日常生活のちょっとした感動を誰かと共有するなど、実に多様です。

ただ私は、ビジネスシーンにおけるSNSの利用価値は、自分が周りにどういう人間かを知ってもらうことで、本来出会うべき人と出会い、価値観の合う人と信頼関係を深めて、何らかの行動をともにすることにあると思っています。

なので、まず自分自身を発信することが大切で、これはツールどうこうではなく、普段から自分と向き合い、常に内省しているかが求められるようになってきます。

SNSの効果的な使い方

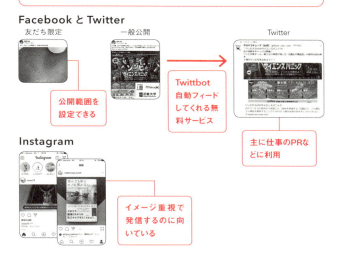

　ちなみに私は、いたずらにツールを増やして時間がとられるのを避けるため、SNSは基本的にFacebookしか使っていません。投稿内容の共有範囲を、友達限定か一般公開かに分けているのですが、一般公開するものについては、Twittbotという無料のクラウドサービスを使ってFacebookからTwitterに自動フィードするよう設定しています。

　あと最近では写真をメインにしたInstagramも急速に広まってきているので、よりイメージ重視で自分発信をすることで、仲間探しをしたいという意味では、こちらも活用しどころはあるかもしれません。

78 スマホ1つで快適&快速な ネット環境に

　あなたは普段、外出先でパソコン仕事をしようと思ったときに通信環境をどのように確保していますか？

　たまたま入ったカフェでWi-Fi環境が整っていればいいのですが、いつもそうとは限りません。いつでもどこでもネットを使ってパソコン仕事をしようと思えば、普通はモバイルルーターを用意するでしょう。

　私も以前はモバイルルーターを使っていましたが、できるだけ持ち物を減らしたいので、モバイルルーターをやめて**スマホのテザリング機能**を使うようになりました。

　テザリングとは、簡単に言うとスマホをモバイルルーター代わりにして、インターネットに接続するための機能です（通信キャリアによっては、オプション契約などで利用できる）。

　テザリング機能を使うには、**設定→インターネット共有をオンにし、接続方法をWi-FiかUSB接続かを選択**します（私はUSB接続が面倒なので普段Wi-Fi接続を利用しています）。

　Wi-Fiの場合は、iPhone側に表示されるパスワードをパソコン側のWi-Fi接続時に入力します。

テザリング

パソコンとWi-Fi接続してテザリングを利用

79 通信量をコントロールして、速度制限を回避する

　テザリングを使うようになると、モバイルルーター不要で身軽になりますが、その代わり問題になるのがデータ通信容量です。

　通常はスマホのキャリアごとに決められたデータ容量があり、それを超過すると通信速度制限がかかってネットが遅くなるか、追加料金を支払って通常速度に戻すということになります。

　Wi-Fi環境のない場所で、頻繁に写真や動画をアップしたり、YouTube動画を見ていると、あっという間に通信制限がかかってしまうでしょう。

　そこで次ページの方法を使えば、セルラー回線（モバイルネットワーク）を介してデータ通信できるアプリを制限できるため、<u>**データ通信容量を上手に節約する**</u>ことができます。

　もちろん制限をかけたアプリも、Wi-Fi環境であれば通常通り利用することができます。テザリングをうまく活用することで、スマホとパソコンの理想的な使い分けができるようになるでしょう。

モバイルデータ通信

モバイルデータ通信を制限する

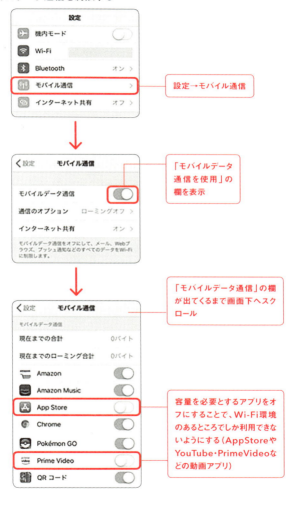

80 スマホを紛失しても慌てない！安心安全の対処法

　あなたはスマホをどこかに置き忘れてしまったことはありませんか？

　実は私は何度かあります。

　手元にないことに気づいたときは、「会社の机の上にあるような気もするけど、もしかしたら電車で落としたのかな……」といろいろな心配が頭の中を駆け巡りました。

　実際、電話帳のデータやアプリのデータなどなくなると困るものが多々あります。

　そんなときは、焦らず<u>**パソコンを使ってスマホの位置を特定**</u>しましょう。

　iPhoneもAndroidも、GPSで位置情報を確認できるサービスがあるので、いざというときのために準備しておくことをオススメします。以下にiPhoneの場合の手順をご紹介いたします。

①<u>**iPhoneであらかじめ設定をしておく**</u>

　設定→iCloud→「iPhoneを探す」をオン。

②<u>**パソコン側のiCloudへアクセス**</u>

　https://www.icloud.com/にアクセスし、Appleアカウントを使ってiCloudにログイン→「iPhoneを探す」。

スマホを紛失したときの対処

スマホですること

設定→ AppleID を表示→「iCloud」→「iPhone を探す」をオンにする

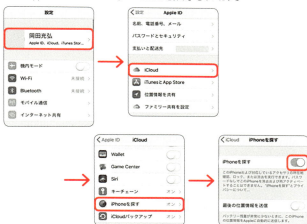

パソコンですること

パソコンから「iCloud」へログインする（https://www.icloud.com/）
ログイン後、「iPhone を探す」を選択

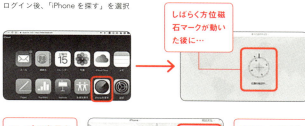

しばらく方位磁石マークが動いた後に…

マップが表示され、iPhoneがある位置にピンが立つ。クリックすると…

「サウンド再生」か「紛失モード」か「iPhoneを消去」を選択

③地図型インターフェース表示

iPhoneの現在地が地図上にマークされているのがわかるはずです。

④マーク部分をクリックする

ポップアップが表示され、状況に応じて以下３つの手段から選択します。

・サウンド再生

「部屋の中にあるはずだけど、どこにあるかわからない」、そんなときは「サウンド再生」を実施すれば、端末から大きな音が鳴り出すため、洋服やかばんの中、部屋の片隅などに隠れていても、見つけ出すことができます（音は端末のロックを解除すれば鳴り止みます）。iPhoneがマナーモードでも音が出ます。

・Siriで探す

部屋の中ならSiriを使っても探し出せます。「Hey Siri」とSiriを呼び出してから、「どこにいるの？」と話しかけると、Siriが「私はここにいます」と答えてくれます。周りが騒がしい空間でなければ、パソコンのiCloudの「iPhoneを探す」よりも、手軽に使えるワザですので、ぜひ覚えておいてください。

・紛失モード

「職場やお店に置き忘れたかもしれない……」、そんなときは「紛失モード」を使えば設定したパスコードで

すぐさまリモートロックを掛けることができます。ロックすると同時に画面にメッセージや電話番号を表示して、端末を見つけた方に電話をかけてもらうこともできます。

　また、設定した後に端末の位置情報が変わったら、メールで通知してもらうこともできます。電車やタクシーなど乗り物に置き忘れたときや、誰かが持って移動したときでも、位置情報を見て追いかけることができます。

iPhoneを消去

　パスワード設定をしないまま、屋外で端末を紛失してしまった場合、セキュリティ面で大変危険な状態に陥ります。どうしても解決しなさそうな場合は、情報が漏洩する最悪の事態を想定し、早めにデータの遠隔消去を行うことをオススメします。

　データを遠隔消去するには「iPhoneを探す」から「iPhoneの消去」を選択すれば、アプリや電話帳のデータ、写真・動画などすべてのコンテンツと設定を消去することができます。この場合に、あらかじめiTunesでバックアップの設定をしておけば、新しい端末へ復元も可能です。ちなみにパソコンのローカルディスクとiCloudにバックアップする2種類がありますが、私は端末環境に依存したくないのでiCloudにバックアップする方法を選んでいます。

　外出先で仕事をする機会が増えれば増えるほど紛失や情報漏洩のリスクも増えます。いざというときのために、普段から備えておきましょう。

199

81 後回しにしない!「ポチ系」仕事をソッコー片づけるコツ

　移動している途中になぜか急に「あれ買わなきゃ」「あの申込みを忘れてた」といったふうに思い出すことがあると思います。そんなとき、「また後からでいいや」「落ち着いてからにしよう」と後回しにしていると、そのまま忘れてしまって闇に葬られてしまう可能性が高まります。実はかつての私にもそんな経験はあります。

　人は何かを思いついたタイミングで即行動に移せるか否かで、その後のチャンスや展開スピードは大きく変わってきます。特に購買や予約申込みの行動は、それが顕著です。

　私の場合は、朝ラン途中の信号待ちの間にステップを踏みながら、**必要物品の購買や、イベント申込みなど、私が"ポチ系"と呼ぶ仕事はスマホ片手にあっという間に片づけるようにしています**。その間実に、数十秒から数分の出来事です。さすがに走りながらはオススメできませんが、通勤途中でも信号や電車、バスなど意外と待ち時間はあるものです。

　ちなみにAmazonで「もう一度買う」や「ほしいものリスト」、「注文履歴」から商品を選択し、「今すぐ買う」ボタンを押す流れで進めれば、商品選択から決済まで最短で完了させることができます。

ポチ系の買い物

　即ポチの対象になるのは、判断がしやすいものになってくるでしょう。たとえば、日用品の補充や、商品名・型名が明らかなもの、日程や参加目的が明確なイベントなどです。

　その逆で、**比較検証しないといけないもの、よく調べないといけないものは、即ポチには向いていません**。移動中だと人やカベにぶつかったりなどの物理的な危険にさらされる可能性があるので、なおさらオススメしません。

　スマホを使ってスキマ時間をうまく活用し、時間効率を高めましょう。

82 "神速スマホ仕事術" 最大の武器は、「クイックフォロー」

　皆さんは人と会った後、何らかのアクションをしていますか？

　私は人と会った後、必ずすぐフォローを入れるようにしています。スマホからちょっとしたお礼のメッセージを送っておくと、相手の印象も変わってきます。

　ツールはメールやMessengerなど相手に合わせて選択します。

　フォローのタイミングは、移動途中や電車の待ち時間など、ちょっとしたスキマ時間を使います。

　その内容も「お会いできて嬉しかったです」や「またゆっくりお話伺いたいです」など簡潔なものでいいでしょう。

　クイックフォローをすることで、会議や打ち合わせで盛り上がった話を、話だけで終わらせないようにするリマインドの効果もあります。

　思いもよらないネクストアクションにつながることもあるでしょう。

　クイックフォローはスマホならではのアクションです。

パソコンだと今でこそモバイルが主流ですが、それでも使える場所やタイミングは限られてしまいます。

　スマホの特徴である即時性や直接性、携帯性の良さを活かすことで、行動のテンポが速くなり、対人間の距離が縮まって、ご縁や好循環が生まれやすくなります。

　いずれにせよ、主役はスマホの機能ではなく、あくまでそれを使う人間です。スマホをうまく使って、公私共に充実した時間を過ごしてほしいと願っています。

おわりに

　最後までお読みいただきありがとうございました。
　スマホ仕事術があなたのビジネスライフを快適にする一助になれれば幸いです。

　本書は今までになかった本にしたいとの思いから、いつも以上に時間をかけて書き上げました。というのも、私自身が常日頃スマホを仕事で徹底活用したいと思っていたからです。
　世にある書籍では、機能面は網羅されていても、本当に仕事に使える、結果を出すための示唆が不足しているように感じていました。仕事をより効率的・効果的に進めるのに、スマホのすべての機能を使いこなせる必要はありません。最小の学びで最大の成果が出せるようになるのが目標です。

　本書では、数あるワザの中から実践で役立つものだけに絞り込んでいます。高度なワザでも利用頻度が少なかったり、知らないよりマシ程度のワザを覚えるのは、時間がもったいないです。シンプルなワザを無意識のうちに繰り出せるまで反復し、習慣化するほうが、よっぽど効果的です。アプリもいたずらに増やさないほうがいいでしょう。

ただ残念ながら、世の中の機能やアプリを重視する傾向は止まる気配がありません。それにともないハード・ソフトの進化も速まり、モデルの陳腐化による買い替えや、せっかく習熟したリテラシーが使えないといったことも出てくるでしょう。

　私は、本来道具は使えば使うほど習熟度が増し、やがて利用者と一体化してくるようなものであってほしいと願っています。本書では、変わりゆく機能やアプリに振り回されることなく、あくまでスマホを道具として、いかに使い、どのように仕事に役立てていくか、といったところに徹底的にフォーカスしました。

　スマホは、2007年1月にiPhoneが登場してから、Android端末などライバル機の誕生もあり、その市場規模やシェアを大きく伸ばしてきました。その間もタブレットやウォッチ、グラスなどあらゆるデバイスが登場するも、いまだ主役がスマホから変わることはありません。また、近年急激に市場を伸ばしているIOT製品でも、スマホはそれらを操るセンターコンピューターのような役割を果たしています。
　スマホは今後も人に最も身近な存在であり続けることでしょう。

　本書でも触れましたが、スマホとパソコンについては、どちらかいずれかではなく、今後うまく棲み分けが進むはずです。ただ、より多くの機能・役割をスマホが担う

ようになることは恐らく間違いありません。それにより、人はスキマ時間を以前にも増してうまく活用できるようになります。可処分の時間を1秒もムダにすることなく有意義に使いきり、人生をより豊かにしてほしいと思っています。

　最後に、本書を世に出す機会をいただき、細やかな心遣いで励まし続けてくださったすばる舎の皆さまに、感謝の意を申し上げます。
　社長が文字通りスマホ片手に社外を走り回っている間も、機転を利かせて明るくテキパキ会社を支えてくれているクロネコキューブ社員さん、いつもありがとう。
　日々精進。

2019年7月
岡田 充弘

〈著者紹介〉

岡田 充弘（おかだ・みつひろ）

●——クロネコキューブ株式会社代表取締役。カナリア株式会社代表取締役。
●——兵庫県出身。日本電信電話（のちのＮＴＴ）、大手会計系コンサルティング会社のプライスウォーターハウスクーパース、大手組織・人事戦略コンサルティング会社のマーサージャパンなどで企業再生や組織変革の実務を経験したのち、映像関連機器メーカーの甲南エレクトロニクス㈱にマネジメントディレクターとして参画。事業再編、ブランド構築、プロセス改革、ワークスタイル改革、オフィス改革など、短期間に多くの改革を実行し、創業以来の最高益を達成。カナリア㈱に商号変更すると同時に代表取締役に就任し、無借金化を達成。
●——その後、謎解きイベントの企画会社クロネコキューブ㈱を設立し、代表取締役に就任。設立5年で西日本を代表する謎解きイベント会社に成長。
●——社長業のかたわら、多くの企業や団体でアドバイザーを務め、起業支援や若手人材の育成にも精力的に取り組む。
●——趣味はトライアスロン、固定席を持たず街を走りながら働く独自のラン＆ワークスタイルが注目を集めている。
●——著書には、自律持続的に成長する組織のあり方をつづった『あなたがいなくても勝手に稼ぐチームの作り方』（明日香出版社）や7万部のベストセラー『仕事が速い人ほどマウスを使わない！ 超速パソコン仕事術』（かんき出版）などがある。

結果もスピードも手に入る 神速スマホ仕事術

2019年8月17日　　第 1 刷発行

著　者———岡田　充弘

発行者———徳留　慶太郎

発行所———株式会社すばる舎

〒170-0013 東京都豊島区東池袋 3-9-7 東池袋織本ビル
TEL　03-3981-8651（代表）　03-3981-0767（営業部）
振替　00140-7-116563
http://www.subarusya.jp/

印　刷———ベクトル印刷株式会社

落丁・乱丁本はお取り替えいたします
©Mitsuhiro Okada 2019 Printed in Japan
ISBN978-4-7991-0705-8